Experiment Wohnbau

AF202084

jovis

Herzlichen Dank all jenen Institutionen, welche die Entstehung diese Buches mit finanziellen Mitteln ermöglicht haben:

Land Steiermark, Lebensressort
Land Steiermark, Abteilung 8
Land Steiermark, Abteilung 16
Landtagsklub der Steirischen Volkspartei, Graz
Forum Wohn.Bau.Politik, Wien
Dekanat der Fakultät für Architektur, Technische Universität Graz

Experiment Wohnbau

Die partizipative Architektur
des *Modell Steiermark*

Andrea Jany

architektur + analyse 7

Die steirische Wohnbauarchitektur sollte […] wie ein Buch gelesen werden, das Aufschluss gibt über die Entwicklung der Lebens- gewohnheiten, über das Verhältnis des einzelnen zu seiner Stadt, zu seinem Dorf oder seinem Land, über politische und verwaltungs- mäßige Strategien und Taktiken.

Michael Szyszkowitz

VORWORT

Der älteste bestehende soziale Wohnbau ist die Fuggerei in Augsburg aus dem Jahr 1521. Die Siedlung verfolgte das Konzept der Hilfe zur Selbsthilfe. Bis heute entwickelten sich eine Reihe von unterschiedlichen Konzepten, Ansätzen und Lösungen zur Errichtung von sozialem Wohnbau. Die heutzutage in Österreich am weitesten verbreitete Vorgehensweise ist die Abwicklung und Planung der Wohnungen über Wohnbaugenossenschaften. Hierbei werden Lagepläne, Grundrisse und Ausstattung von Fachplanern entwickelt und realisiert. Ich selbst kam während meines Studiums der Architektur an der Bauhaus-Universität Weimar und durch meine Tätigkeit für eine Münchner Wohnbaugenossenschaft zum sozialen Wohnbau. Anschließend war ich neun Jahre als Architektin und Projektleiterin u. a. für eine steirische Wohnbaugenossenschaft tätig. In dieser Zeit realisierte ich über 300 Wohneinheiten in Form von Neu- und Umbauten. Jedoch vermisste ich eins: das Gespräch mit den Bewohnern. Während der Realisierung der Bauprojekte sprach ich nie mit den Bewohnern – weder während der Planung noch nach deren Einzug. Dieses sicher nicht aus einem Unvermögen meiner Kommunikation resultierend, sondern aus den klar bestehenden Schemata der Abwicklung und Realisierung von sozialem Wohnbau. In meinen Recherchen über andere Zugänge stieß ich auf ein Konzept, welches dies bereits in Frage gestellt hatte: der Wohnbau des *Modell Steiermark*.

Die vorliegende Aufarbeitung dieses beachtenswerten Wohnbaus, welche die überarbeitete Fassung meiner Dissertation an der Architekturfakultät der TU Graz darstellt, entstand auf drei Kontinenten. Zu Beginn meiner Recherche lebte ich mit meiner Familie vorübergehend in Pudong, inmitten des modernen westlichen Zentrums von Schanghai. Sozialer Wohnbau und einhergehend die Integration alter Lebensstile und der westlich orientierte Rhythmus stehen und leben hier Tür an Tür in einer spannenden Symbiose. Der Hauptteil der Recherche-arbeit erfolgte in Graz, bevor ich für zwei Jahre mit meiner Familie nach Kalifornien in das Silicon Valley zog. Leistbarkeit und Verfügbarkeit von Wohnraum hat in dieser Gegend eine ganz andere Dimension und ist einzig dem ökonomischen Gedanken verpflichtet. Neben dem Schreiben dieser Arbeit studierte, forschte und lehrte ich in Stanford. Fertiggestellt habe ich meine Forschung im Jahr 2017 in Graz.

Für diese Arbeit standen mir verschiedene Personen zur Seite. Allen voran gebührt meinen beiden Betreuern, Anselm Wagner und Dieter Reicher, großer Dank. Beide waren stets wohlwollend und zielorientiert bei der Beantwortung meiner Fragen. Die fachlichen Diskussionen und der Austausch stellten für mich wichtige Orientierungspunkte bei der Erstellung dieser Arbeit dar. Ebenso gilt ein besonderer Dank meinen Interviewpartnern und -partnerinnen während der gesamten Recherchen und auch bei der Erhebung der Wohnzufriedenheit in den Siedlungen. Vor allem möchte ich hier namentlich Michael Szyszkowitz, Wolfdieter Dreibholz, Eilfried Huth und Eugen Gross nennen. Ohne ihre Offenheit und Bereitschaft, sich Zeit zu nehmen, wäre diese Arbeit nicht möglich gewesen. Von ganzem Herzen danke ich meinem Mann und meinen beiden Söhnen für all ihre Liebe, Zeit und ihr Verständnis während des gesamten Forschungsprozesses. Danke, dass ihr immer motivierend an meiner Seite gestanden seid. Zusätzlich haben viele Menschen bewusst oder unbewusst beim Verfassen dieser Arbeit geholfen. So möchte ich auch allen Weggefährtinnen und -gefährten im In- und Ausland in dieser Zeit herzlichen Dank aussprechen.

Zuletzt gilt mein ganz besonderer Dank Hermann Schaller. Meine intrinsische Motivation zum Thema des geförderten und sozialen Wohnbaus gepaart mit meiner Neugier an neuen Konzepten hat uns Monate nach der Fertigstellung der Forschungsarbeit durch einen wunderbaren Zufall beim Spatenstich der KoWoos in Volkersdorf zusammengeführt. Danke für dein unbeirrtes und fortwährendes Engagement in diesem Thema – dem steirischen Wohnbau.

Gewidmet ist dieses Buch all jenen zukünftigen Wohnprojekten, welche sich den gegenwärtigen Herausforderungen mit Mut annehmen und die zukünftige Bewohnerschaft in den Mittelpunkt stellen.

Partizipation im Wohnbau forscht nach neuen Wegen, sucht neue Allianzen und experimentiert mit neuen Arbeitsmethoden. Im Zuge der Planung und Umsetzung der Bauvorhaben wird die zukünftige Bewohnerschaft in unterschiedlicher Tiefe in den Prozess eingebunden im Sinne der Mitsprache, Mitbestimmung und Mitgestaltung. Das Ziel dabei ist, die bestmöglichste räumliche Struktur zu finden, welche auf die zukünftige Bewohnerschaft mit ihren unterschiedlichen Bedürfnissen und Wünschen eingeht. Partizipation ist ein relativ neues Phänomen, möchte man meinen. Die gegenwärtigen Hotspots in der Architekturszene, welche sich dieser Konzepte bedienen, liegen seit Mitte der 2000er Jahre in Zürich und Wien. Dort scheint vieles machbar und umsetzbar. Der Aufbruch, das Experiment und das Überführen in den standardisierten Wohnbau erfährt dort eine breitere Beachtung im Hinblick auf eine sich ändernde, sich stetig wandelnde und sich stärker ausdifferenzierende Gesellschaft. Tatsächlich ist die Partizipation im Wohnbau ein Ansatz, der bereits in den 1970er–1980er Jahren ganze Architekturgenerationen beschäftigt hat – allen voran die Grazer Architekturszene.

Ausgehend von der Kritik am vorherrschenden, normierten Massenwohnungsbau der Nachkriegsjahre des Zweiten Weltkriegs entwickelte sich in der Steiermark eine eigenständige Typologie im sozialen Wohnbau. Die Kombination aus politisch offenen Rahmenbedingungen, Nutzung des vorhandenen Ideenpotenzials der an der Technischen Universität Graz ausgebildeten Architekten und Mut aller Akteure brachte eine innovative, vielbeachtete steirische Wohnbauepoche hervor, die unter dem Titel *Modell Steiermark* bekannt wurde. Das *Modell Steiermark* war eine offene Plattform der steirischen ÖVP, in der in verschiedenen Arbeitskreisen alle gesellschaftlichen Felder zukunftsorientiert diskutiert wurden. Die Zukunft des steirischen Wohnbaus war ein Teil dessen und wurde in einem eigenständigen Arbeitskreis behandelt wurde. Neben theoretischen Überlegungen kam es durch die Reservierung von Fördermitteln auch zur Umsetzung neuer Wohnbauten. Der dadurch entstandene Wohnbau des *Modell Steiermark* umfasste eine experimentelle Phase während der 1980er bis Anfang der 1990er Jahre, die zugleich die Hochblüte der Architektur der Grazer Schule darstellte. Im Rahmen von Echtzeit-Wohnbauexperimenten wurde Innovation im sozialen Wohnbau er- und gelebt. Diese Aktivitäten bildeten einen Gegenpol zur vorherrschenden Reproduktion von Standardwohnbau und mündeten in 28 Wohnbauten mit vielfältigen Konzepten und Charakteristika. Der Entwicklungsansatz des *Modell Steiermark* beruhte darauf, den Wohnbauprozess grundsätzlich neu zu denken, indem die Wechselbeziehungen zwischen den Anforderungen und Strukturen der Gesellschaft, Politik und Planung analysiert und entsprechend berücksichtigt wurden. Die Prozesse von Entwurf, Herstellung, Verwaltung und Nutzung des Wohnraums sowie das Selbstverständnis der Wohnbauarchitektur wurden dabei zur Diskussion gestellt. Ein wesentliches Merkmal stellte in diesem Zusammenhang das Thema der Partizipation im Wohnbau dar, das erstmals in diesem Umfang in der Projektplanung und -umsetzung aufgegriffen wurde. Der Entwurf der Terrassenhaussiedlung in Graz-St. Peter durch die Werkgruppe Graz stellt dabei den Ursprung für die Einbeziehung der künftigen Eigner bzw. Nutzer in den Entwicklungsablauf dar. Gleichzeitig leistete Eilfried Huth durch den Entwurf eines partizipativen Prozesses im Rahmen der Eschensiedlung in Deutschlandsberg wegweisende Arbeit. Dieses Buch stellt die historische Entwicklung des Wohnbaus des *Modell Steiermark* dar und geht der Frage nach, inwieweit die Partizipation bis heute Einfluss auf die Wohnzufriedenheit der Bewohner hat.

Im Jahr 1986 veröffentlichte der Landesverband der Steiermark der Zentralvereinigung der Architekten Österreichs unter dem Herausgeberteam Michael Szyszkowitz und Hansjörg Luser einen ersten Katalog zu den Wohnbauten in der Steiermark aus den Jahren 1980–1986.[1] In dieser Publikation finden sich neben den Wohnbauprojekten auch Reflexionen der Protagonisten und zeitgenössischer Beobachter des damaligen steirischen Wohnbaus. Der Katalog enthält insgesamt 45 Projekte, welche zum publizierten Zeitpunkt bereits fertiggestellt, im Bau oder in der Planung waren. Neben den Projektdaten und Informationen zu den planenden Architekten finden sich Planmaterial, Fotos und teilweise beschreibende Texte der Wohnbauprojekte. Des Weiteren enthält die Publikation zwölf Aufsätze, welche von heimischen Professoren, Architekten und Politikern verfasst wurden. Der inhaltliche Bogen spannt sich von der Beschreibung einer Wohnkultur, bereits umgesetzten Veränderungen in den Wohnbauförderungsrichtlinien bis hin zur Analyse des allgemeinen Architekturgeschehens

[1]   Vgl. Szyszkowitz/Luser 1986.

dieser Zeit in der Steiermark.[2] Grundintention und Ziel dieses Buches war es, die „[…] großen Leistungen steirischer Architekten im geförderten Wohnbau einer breiten Öffentlichkeit bewusst zu machen".[3]

Ein zweiter Katalog erschien im Jahr 1993 und zeigt steirische Wohnbauten aus den Jahren 1986–1992.[4] Diese Publikation wurde in Kooperation zwischen dem Ziviltechniker-Forum und dem Landesverband der Steiermark der Zentralvereinigung der Architekten Österreichs erstellt. Enthalten sind neben 111 steirischen Wohnbauprojekten, welche bereits fertiggestellt, sich im Bau oder in der Planung befanden, neun Studentenprojekte, welche als Seminararbeiten im Sommersemester 1992 am Institut für Gebäudelehre und Wohnbau entstanden waren. Des Weiteren finden sich Aufsätze über das steirische Wohnbauwirken dieser Jahre. Waren es im ersten Katalog Aufforderungen zur weiteren Fokussierung des Wohnbaus, so sind die Aufsätze im zweiten Katalog konkrete Abhandlungen einzelner Teilbereiche des steirischen Wohnbaus. Neben wissenschaftlichen Texten heimischer Professoren über die Architektur und den Städtebau wurden auch Aufsätze nationaler und internationaler Beobachter über die prozesshafte Planung und die Wohnbauforschung aufgenommen. Hinzu kamen allgemeine Ausführungen zu den Veränderungen im steirischen Wohnbauförderungsgesetz, der Kostenentwicklung und Beurteilungen im Bereich der Bauphysik und den verwendeten Baustoffen der Wohnbauprojekte.[5] Diese beiden Kataloge gaben einen ersten Überblick über das steirische Wohnbauschaffen der Jahre 1980 bis 1992 und lassen eine Einordnung und Abgrenzung zu den konventionell errichteten Wohnbauten dieser Zeit zu. Diese Publikationen zeigen eindrucksvoll die aktive steirische Wohnbauproduktion dieser Jahre. Die enthaltenen Projekte zählen aber nicht per se zum Wohnbau des *Modell Steiermark*, wenngleich einige hierin enthalten sind. Die Abgrenzung zu den tatsächlichen *Modell-Steiermark*-Projekten besteht über die verwaltungsintern unterschiedlichen Fördermittel. Zum einen gab es die regulär geförderten Wohnbauten und zum anderen die Wohnbauten des *Modell Steiermark*, welche aus einem speziell hierfür reservierten Fördermittelkontingent unterstützt wurden.

Eine erste Gesamtdarstellung der Grazer Architekturszene mit Bezügen und Hintergründen zum Wohnbau in der Steiermark

---

[2]   Ebd., Die Beiträge stammen von Elisabeth Katschnig-Fasch, Orhan Kipcak, Wolfdieter Dreibholz, Sokratis Dimitriou, Dietmar Steiner, Eilfried Huth, Hansjörg Luser und Michael Szyszkowitz.
[3]   Ebd., 165.
[4]   Vgl. Frühwirt, 1993.
[5]   Ebd., Die Beiträge stammen von Karin Wilhelm, Hubert Hoffmann, Janez Kozelj, Ottokar Uhl, Siegfried Kristan, Walter Kuschel, Peter Kautsch und Johann Birner.

erschien 1998 von Peter Blundell Jones.[6] Diese Publikation setzte sich zum Ziel, die Grazer Architekturbewegung ab den 1980er Jahren aufzuarbeiten und deren Wurzeln aufzuspüren.[7] Das Werk beschreibt das Architekturgeschehen beginnend mit der Entstehung der Grazer Schule und endet mit der Darstellung von parteipolitischen, förderpolitischen und personellen Rahmenbedingungen des *Modell Steiermark*. Eingebettet ist dies in die politische und geografische Geschichte der Stadt Graz.

Bereits im Jahr 1987 erschien eine Publikation von Kurt Freisitzer, Robert Koch und Ottokar Uhl, welche das Thema der Mitbestimmung im Wohnbau im österreichischen Bundesgebiet fokussierte und dessen Entwicklung, Sinn und Wirkung darstellt.[8] Als Handbuch für alle am Wohnbau Beteiligten sind hier nach Bundesländern bis 1986 partizipativ errichtete Wohnbauten dokumentiert. Erstmals im österreichischen Bundesgebiet erfolgte eine systematische Dokumentation und umfangreiche Aufarbeitung von 40 partizipativen Wohnbauprojekten. Weitere 100 Projekte werden als Kurzbeschreibung dargestellt. Im Rahmen der verschiedenen Fördermodelle und Initiativen im Bundesgebiet wird das *Modell Steiermark* als Experimentierwerkstatt und einziges Bundesland mit konkreten Folgewirkungen aus den Mitbestimmungsprozessen im Wohnbau hinsichtlich der Wohnbauförderung thematisiert.[9]

Eine erste wissenschaftliche Aufarbeitung zur Entwicklung des sozialen Wohnbaus in Graz und der Steiermark stammt von Marlis Nograsek aus dem Jahr 2001.[10] In dieser Arbeit wird das *Modell Steiermark* in das Wohnbauschaffen der Steiermark ausgehend von 1850 bis in die 1990er geschichtlich eingebettet. Nograsek beschreibt chronologisch, wie rechtliche Rahmenbedingungen und Verordnungen mit realisierten Wohnbauprojekten einhergehen. Eine Erkenntnis dieser Arbeit ist, dass zunächst experimentelle Ansätze im Wohnbau wie z. B. die Eschensiedlung in Deutschlandsberg realisiert waren, bevor gesetzliche Veränderungen vorgenommen worden sind.[11] Außerdem untersucht Nograsek den Zusammenhang zwischen Grundrissqualitäten und der Grundrisszufriedenheit und deren Einwirkung auf die allgemeine Wohnzufriedenheit.[12] Anhand von zwölf Grazer Wohnbauten wird das Wohnungs-Bewertungs-System WBS2000 angewandt und dies mit Ergebnissen aus einer zuvor erfolgten Wohnzufriedenheitsstudie, durchgeführt durch den Wohnbund Steiermark, verglichen. Nograsek kommt zum Schluss,

[6]   Vgl. Blundell Jones 1998.
[7]   Ebd., 16.
[8]   Vgl. Freisitzer/Koch/Uhl 1987.
[9]   Vgl. ebd., 25 ff.
[10]   Vgl. Nograsek 2001.
[11]   Vgl. ebd., 149.
[12]   Vgl. ebd., 152.

dass zwischen der Grundrissqualität und der Wohnzufriedenheit ein Zusammenhang besteht. Des Weiteren wird die Vermutung ausgesprochen, dass Mitbestimmung die Zufriedenheit erhöhen kann.[13]

Die bereits erwähnte Wohnzufriedenheitsstudie stammt aus dem Jahr 2000 und wurde vom Wohnbund Steiermark erstellt. Dabei wurden zwölf Grazer Wohnbausiedlungen aus vier Jahrzehnten der 1960er bis 1990er Jahre hinsichtlich ihrer Wohnzufriedenheit mittels empirischer Sozialforschung untersucht. In den Wohnbauprojekten der 1980er Jahre konnte hier bereits eine erhöhte Wohnzufriedenheit festgestellt werden.[14] Ein weiteres Ergebnis dieser Studie ist die Definition von sieben Einflussfaktoren auf die Wohnzufriedenheit.[15]

Der Aspekt der Partizipation der Bewohnerschaft wurde in beiden Forschungen erwähnt, jedoch fand er in den Erhebungen keine Berücksichtigung. Eine Vielzahl von Wohnbauprojekten, welche in Graz und der Steiermark zwischen Anfang der 1970er bis Anfang der 1990er Jahre realisiert worden sind, sind in diesen Publikationen verzeichnet.

Im Sommer 2018 legte Daniel Zwangsleitner seine Dissertation *The quest for better housing, Individual Reconstruction and Situational Analysis of Participatory Housing in the Framework of Modell Steiermark, Austria* am Politecnico di Torino vor. Neben einem Überblick über das *Modell Steiermark*, legte diese Arbeit ihren Fokus auf narrative Interviews. In Gesprächen mit Irmfried Windbichler, Eilfried Huth, Karla Kowalski, Heribert Altenbacher, Eugen Gross und Wolfdieter Dreibholz arbeitete Zwangsleitner die ideologische Haltung und Motivation dieser Protagonisten im Bezug zum *Modell Steiermark* heraus.

Das vorliegende Buch arbeitet den Wohnbau des *Modell Steiermark* erstmals historisch auf und greift dabei auf zahlreiche bisher unzugängliche Quellen zurück. Ebenso erfolgte eine empirische Erhebung zur Wohnzufriedenheit in ausgewählten partizipativen Projekten. Zeitgleich, und als Vergleichsgruppe, fand die Erhebung in benachbarten standardisierten Wohnbauten statt.

In gegenwärtigen Debatten um die Frage zukünftigen Wohnens ist seitens der Architekten vermehrt die Forderung nach Experimenten zu hören.[16] Der Wohnbau im Rahmen des *Modell Steiermark* kann hierzu als Ideenspender und Inspiration dienen. Ein weiteres Anliegen der Arbeit besteht in der Sensibilisierung heutiger Entscheidungsträger hinsichtlich des architektonischen Wertes der Wohnbauprojekte des *Modell Steiermark*. Speziell im Hinblick auf die fortschreitende Sanierungsrate im sozialen Wohnbau in der Steiermark bedarf es bei diesen Projekten eines sensiblen Umgangs zur Wahrung und Erhaltung des architektonischen Baukulturerbes.

[13]   Ebd.
[14]   Vgl. Nussmüller u. a. 2000.
[15]   Vgl. ebd., 82.
[16]   Vgl. Dreibholz u. a. 2006, 6 ff.

I.

DAS *MODELL STEIERMARK*

Sozialer Wohnbau und Qualität
sind keine einander ausschließenden Merkmale.

Maximil an Pumpernig, Manfred Prisching, Wolfgang Steinegger

GESCHICHTLICHER HINTERGRUND

Die Wohnungsnot nach dem Ende des Zweiten Weltkrieges war in vielen europäischen Städten groß. Hierfür gab es zwei wesentliche Gründe: zum einen der Fehlbestand durch die Kriegszerstörung, zum anderen der Bevölkerungszuwachs nach Kriegsende. Dies führte zu einem starken Nachfrageüberhang am Wohnungsmarkt, der maßgeblichen Einfluss auf die Wohnbautätigkeiten und damit auch auf die Entstehung des *Modell Steiermark* hatte. Graz war während des Zweiten Weltkrieges die am häufigsten bombardierte österreichische Stadt. Bei 56 Luftangriffen der britischen und amerikanischen Armee wurden zahlreiche Gebäude zerstört oder beschädigt.[17] 8999 Wohnungen wurden unbenutzbar und 11.065 Wohnungen beschädigt.[18] Im Jahr 1946 waren somit 40.000 Grazerinnen und Grazer auf der Suche nach einer Wohnung und rund 2000 Familien lebten in Ruinen.[19] Die steigende Einwohnerzahl (→**2**,→**3**) bis Anfang der 1970er Jahre verschärfte die Wohnungsnot zusätzlich.[20]

Bevölkerungsentwicklung Steiermark

(2) Bevölkerungsentwicklung Steiermark, Datenquellen: Statistik Austria, Statistik Steiermark, Statistik Graz

Der wirtschaftliche Aufschwung Österreichs in den 1950er und 1960er Jahren, die sogenannten Wirtschaftswunderjahre, legten das Fundament für ein allgemeines Wohlstandswachstum. Daraus resultierte eine erhöhte Bautätigkeit, die in Entstehung von neuen Arbeitsplätzen und neuem Wohnraum mündete.[21] Die Befriedigung der Wohnbedürfnisse am steirischen Wohnungsmarkt der Nachkriegszeit hatte sich dabei auf zwei Grundformen reduziert: das Eigenheim im Grünen und der geförderte soziale Wohnbau.[22] Beide Neubauformen

[17]   Vgl. Schöpfer/Teibenbacher 1995, 10.
[18]   Vgl. Brunner/Weissmann 1989, 104.
[19]   Vgl. Schöpfer/Teibenbacher 1995, 15.
[20]   Vgl. Magistrat Graz 2012, 7.
[21]   Vgl. Nograsek 2001, 39.
[22]   Vgl. Huth/Pollet 1976, 12.

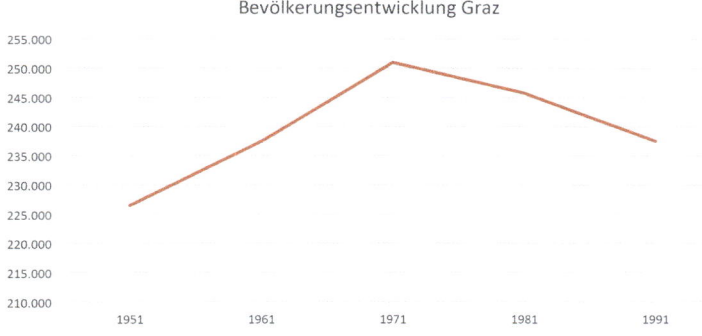

Bevölkerungsentwicklung Graz

(3) Bevölkerungsentwicklung Graz, Datenquellen: Statistik Austria, Statistik Steiermark, Statistik Graz

fanden an der Peripherie der Städte statt. Im Jahr 1966 sahen 78% der Österreicher das Einfamilienhaus im Grünen als die ideale Wohnform an.[23] Die individuelle Planung des zukünftigen Hauses ermöglichte den Eigentümern, persönliche Wohnträume umzusetzen. Auch im Grazer Umland kamen viele diesem Drang nach. Die Besiedelung der zuvor landwirtschaftlich genutzten Flächen im Bereich des Grazer Dorfgürtels, das heißt der umliegenden Gemeinden, welche ab 1939 Teil von Graz wurden wie z. B. Strassgang, Messendorf, Andritz, beginnt bereits in der Zwischenkriegszeit und wird nach dem Zweiten Weltkrieg fortgesetzt.[24] Die Bebauung des Murfeldes (→4) stellt ein Beispiel dafür dar.

Die unkontrollierte Ausbreitung der Einfamilienhäuser stellte die Raumplanung vor Herausforderungen, da das Fehlen notwendiger Rechtsinstrumente und einer gezielten Grazer Stadtentwicklung

(4) Murfeld, Graz, Luftbild

[23]   Ebd., 63.
[24]   Vgl. Nograsek 2001, 45.

dieser Zeit dieses Phänomen unterstützten.[25] Niedrigere Wohnkosten außerhalb der Stadt befeuerten diese Entwicklung zusätzlich: „Die finanziellen Belastungen überschreiten bei einem Großteil der Wohnungswerber deren Möglichkeiten. […] Dieser Umstand […] war in Verbindung mit den billigen Grundstücken in schlechter Lage der Infrastruktur und außerhalb des Baulandes eine der Ursachen, die zur Zersiedelung unserer Landschaft führen."[26]

Der geförderte soziale Wohnbau stellte die einzige Alternative zum Einfamilienhaus dar und war ein Massenwohnbau, der aus dem Druck und den Zwängen der Nachkriegsjahre entstand. Die niedrigeren Kosten verlangten jedoch einen gleichzeitigen Verzicht auf die Erfüllung individueller Wohnbedürfnisse. Im Rahmen der gesetzlichen Bestimmungen entschieden die Baugenossenschaften über „[…] was und wie gebaut wurde".[27] Die Errichtung und Abwicklung des sozialen Wohnbaus war durch die gemeinnützigen Bauvereinigungen gegeben. Die vorrangige Aufgabe bestand in der Realisierung von preiswertem Wohnbau in kurzer Zeit. Die Baugenossenschaften planten Wohnobjekte für anonyme Bewohner, deren individuelle Wohnbedürfnisse keine Berücksichtigung fanden und die durch das Fehlen von individuellem Freiraum gekennzeichnet waren. Zwei Projekte stehen beispielhaft für den Massenwohnbau der 1950er bis 1970er Jahre in Graz: die *Eisteichsiedlung* (→5, →6, →7) und die Siedlung *Berliner Ring* (→8, →9, →10).[28] Erstere ist eines der ersten großen Siedlungsprojekte im Südosten von Graz, gelegen in der Dr.-Robert-Graf-Straße 15–25 im Bezirk Waltendorf. Die Anlage ist von der Österreichischen Wohnbaugenossenschaft (ÖWG) in den Jahren 1958–1964 erbaut worden. Sie umfasst 40 Objekte mit insgesamt 700 Wohneinheiten. Die Gebäude weisen eine

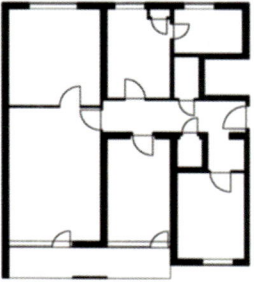

(5) ÖWG, Eisteichsiedlung, Dr.-Robert-Graf-Straße 15–25, Graz, 1958–1964, Luftbild (2018)

(6) ÖWG, Eisteichsiedlung, Dr.-Robert-Graf-Straße 15–25, Graz, 1958–1964, Ansicht Süd-West (2019)

(7) ÖWG, Eisteichsiedlung, Dr.-Robert-Graf-Straße 15–25, Graz, 1958–1964, Grundrissbeispiel

[25]   Ebd.
[26]   Huth/Pollet 1976, 12.
[27]   Dimitriou 1993, 21.
[28]   Vgl. Nograsek 2001, 63.

Geschossigkeit von zwei bis fünfzehn Etagen mit einer überwiegenden Dreispänner-Erschließung auf.[29]
Die Siedlung *Berliner Ring* grenzt im Osten an die Stadt und wurde in
den Jahren 1972–1977 mit 702 Wohneinheiten in 40 Objekten durch
die GWS Gemeinnützige Alpenländische Gesellschaft für Wohnungsbau und Siedlungswesen m.b.H. errichtet. Die Anlage war seinerzeit
das größte Wohnbauprojekt von Graz. Die Geschossigkeit beträgt drei
bis zwölf Etagen.[30]
Beide Siedlungen sind Eigenplanungen der jeweiligen Baugenossenschaft. Charakteristisch für diese Siedlungen sind einfache, wiederkehrende Grundrisse in Form von Standardtypen. Der Rückgriff auf
den Serienbau beruht auf der Möglichkeit der Kostenreduktion des
Planens und Bauens, führt aber zu einem Mangel an Flexibilität und
gestalterischer Monotonie. Die Stapelung und Aneinanderreihung
der Wohneinheiten galt als Entwurfsprinzip, was sich an den Fassaden durch eine additive Abfolge der Öffnungen zeigt. Die Freiflächen,
auch als „Abstandsgrün" tituliert, erhielten wenig gestalterische
Bearbeitung und dienten als einfache Rasen- bzw. Verkehrsflächen.
Die Dominanz der Quantität blendete qualitative Aspekte aus. Die
Planungsgruppe Domenig/Huth übte daran starke Kritik: „Ideenlose
Grundrisse in Mindestgröße gehalten, ohne jede städtebauliche Ein-
sicht, […] ohne Beziehung zur Umgebung, machen städtisches Leben
unmöglich."[31] Der Bezug des Gebäudes zu seinem Ort ging verloren.
Eine Gleichförmigkeit der Gebäude setzte ein.[32]
Der Fülle an entwickelten Wohngrundrissen dieser Zeit geschuldet,
wurde in Deutschland der erste *Grundrissatlas* im Jahr 1955 herausgegeben. Er zielte darauf ab, „mit Hilfe eines einfachen, allgemein
verständlichen Ordnungssystems die ungenützte Erfahrungsfülle

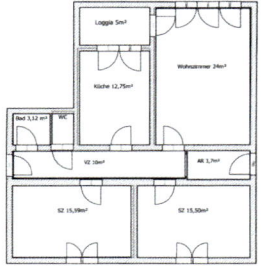

(8) GWS, Berliner Ring 2–75, Graz
1972–1977, Luftbild (2018)

(9) GWS, Berliner Ring 2–75, Graz
1972–1977, Luftaufnahme (1972)

(10) GWS, Berliner Ring 2–75, Graz
1972–1977, Grundrissbeispiel

[29]   Ebd., 49.
[30]   Vgl. Reisenhofer 2016.
[31]   Domenig/Huth 1969.
[32]   Vgl. Blundell Jones 1998, 28; vgl. Dimitriou 1993, 21 f.

überschaubar zu machen [...]." Dadurch ist „[...] die Gefahr einer gewissen Zufälligkeit in der eigenen Planung weitgehend behoben."[33] Die beschriebene Zufälligkeit endete in der unreflektierten Vervielfältigung der Grundrisse. Die formulierten, positiven Absichten dieses Werkes minimierten den Entwurfsanspruch an ein neues Wohngebäude. Den Planern wurde durch dieses Werk die Auseinandersetzung mit der zukünftigen Bewohnerschaft und somit mit der Gesellschaft abgenommen. Das Werk etablierte sich, neben der bereits 1936 erschienenen Neufert-Bauentwurfslehre, zum Standardwerk. Die Abkehr davon ist nach der Behebung der Wohnungsnot nicht vollzogen worden.

Zur finanziellen Absicherung, Entlastung und Behebung der Wohnungsnot richteten der Staat Österreich und das Land Steiermark zwei Finanzfonds zum Zweck des Wohnungswiederaufbaus und Wohnungsneubaus ein. Neben dem bereits bestehenden Bundeswohn- und Siedlungsfonds aus dem Jahr 1921 kam 1948 der Wohnhaus-Wiederaufbaufonds und 1949 der Wohnbauförderungsfonds hinzu. In den Jahren 1945–1954 entstanden durch diese finanzielle Unterstützung in der Steiermark insgesamt 42.000 Wohnungen mit einer Gesamtbausumme von vier Milliarden Schilling.[34] Die 1950er Jahre kennzeichnen somit den markanten Übergang von der unmittelbaren Nachkriegsbauwirtschaft zum geplanten und geförderten Massenwohnbau in Österreich und der Steiermark.[35] Beide Fonds wurden vom Bundesministerium für Bauten und Technik gesteuert und beendeten ihre Tätigkeit im Jahr 1967.[36] Die Aufgaben des Bauwesens wurden zwischen 1966 und 1987 im Bundesministerium für Bauten und Technik gebündelt. Die Zuständigkeiten des Ministeriums umfassten folgende Themengebiete:

1. Verwaltung und Koordinierung aller Hoch-, Tief- und Wasserbauten, Elektro- und Maschinenwesen, Vermessungswesen
2. Technisches Versuchs-, Eich- und Normenwesen auf den oben genannten Gebieten
3. Verwaltung der Liegenschaften des Bundes
4. Bau-, Wohnungs- und Siedlungswesen (u. a. Wiederaufbau, Wohnbauförderung, Volkswohnungswesen sowie Raum- und Landesplanung)
5. Berufliche Vertretung des Ingenieur- und Ziviltechnikerwesens, Wohnbauforschung.[37]

[33]   Spengemann 1955, 3.
[34]   Vgl. Karner 2000, 364
[35]   Vgl. Selk/Holz/Walberg 2007, 6.
[36]   Vgl. Referat Rechtsangelegenheiten 2011, 1.
[37]   Vgl. Interview mit Robert Koch, geführt von Andrea Jany, Wien,
         16.10.2014.

Die Finanzierung der Wohnbauforschung wurde durch ein im Jahr 1968 verabschiedetes Wohnbauförderungsgesetz ermöglicht. Eine eigene Abteilung wurde gegründet, die ihre Aktivitäten auf die Erteilung von Forschungsaufträgen und die Publikation von Forschungsergebnissen fokussierte.[38] Der im Mai 1970 fertiggestellte Forschungsplan legte folgende inhaltliche Zielsetzung fest: „Entwicklung von leistungsfähigen neuartigen Wohnungsformen und Gebäudestrukturen unter besonderer Berücksichtigung der Entfaltungsmöglichkeit der Bewohner".[39] Eine Reihe von Wohnbau-Pilotprojekten entstand, deren Erkenntnisse ab 1974 über die Fachzeitschrift *Wohnbau* veröffentlicht wurden. Diese etablierte sich und trug maßgeblich zur Verbreitung der innovativen Projekte und Konzepte bei.

[38]   Vgl. ebd.
[39]   Freisitzer/Koch/Uhl 1987, 26.

KRITIK UND AUFBRUCH

Die Epoche des Wiederaufbaus in Österreich endete mit dem Aus-
klang der 1960er Jahre. Das große Ziel – die Beseitigung der Wohnungsnot – war erreicht.[40] In diesen Jahren unterlag der Wohnbau in
Zahl und Ausstattung einem ständigen Wachstum.[41] Durch die Woh-
nungszählung 1971 war statistisch nachgewiesen, dass die Behebung
des quantitativen Wohnungsfehlbestandes geschafft war. Etablierte
Organisations- und Planungsprozesse blieben an diesem Wendepunkt
jedoch bestehen: „Zu sehr hatte man sich schon daran gewöhnt, dass
der Erfolg wohnungspolitischer Maßnahmen an der Wohnungsanzahl
gemessen wird, Ziffern und nicht Inhalte prägten das Denken und Handeln […]."[42] In den Vordergrund rückten daher immer deutlicher die
Beseitigung der Qualitätsmängel an Grundrissen und Ausstattung der
Wohnungen.[43]

In einer Reflexion über den Wohnbau der Nachkriegszeit stellten Kurt
Freisitzer, Robert Koch und Ottokar Uhl 1987 in ihrem gemeinsamen
Buch *Mitbestimmung im Wohnbau* das Fehlen eines zukünftigen Ziels
im Wohnbau fest: Nach der Beseitigung der Wohnungsnot hätte man
das eine große Ziel durch ein anderes Ziel gleicher Dimension, nämlich
die Verankerung sozialer Demokratie im Bereich des Wohnens, erset-
zen müssen.[44]

Kritik am vorhandenen Planungs- und Bauwesen wurde durch internationale Stimmen gegen die funktionale Trennung in den Städten
unterstützt. Die Charta von Athen, die durch den CIAM-Kongress im
August 1933 vorgelegt wurde, forderte zum einen eine strenge funktionale Zonierung der Städte in Wohnen, Arbeiten, Verkehr und Freizeit
und zum anderen einen einzigen Typus städtischer Wohnbebauung in
Form von hohen, weit auseinanderliegenden Appartementblocks.[45]
„[…] damals hatte es die Kraft eines mosaischen Gesetzes und lähm-
te die Suche nach anderen Formen des Wohnbaus".[46] Die Publikation
Die Unwirtlichkeit unserer Städte. Anstiftung zum Unfrieden von Alexander Mitscherlich aus dem Jahr 1965 griff die Charta ebenfalls an
und bot den Grazer Architekturstudenten Nährstoff zur Diskussion.[47]
Mitscherlich kritisiert in seinem Buch die städtebaulich dominanten,

[40]   Vgl. ebd., 25.
[41]   Vgl. Karner 2000, 462.
[42]   Freisitzer/Koch/Uhl 1987, 25.
[43]   Vgl. Hugelmann u. a. 1974, 74.
[44]   Vgl. Freisitzer/Koch/Uhl 1987, 25.
[45]   Vgl. Frampton 1987, 230.
[46]   Ebd.
[47]   Vgl. Interview mit Eugen Gross, geführt von Andrea Jany, Graz,
       21.11.2013 und Interview mit Eilfried Huth, geführt von Andrea Jany,
       Graz, 30.09.2014.

 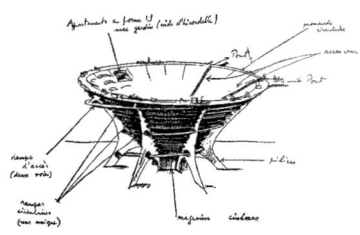 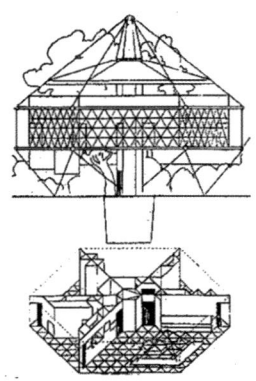

an funktionalistischen Prinzipien orientierten Strategien zur räumlichen Trennung der Stadtareale.[48] Konkret richtete er seine Kritik zum einen auf die Monotonie der Wohnblocks, die im Rahmen des sozialen Wohnungsbaus der 1950er Jahre entstanden waren. Zum anderen kritisierte er die Zersiedlung des Umlandes durch die Einfamilienhäuser. Beide Punkte sind durch die Grazer Architekten im Rahmen ihrer eigenen Projekte und Theorien aufgegriffen und umgelegt auf den Grazer Stadtraum und das steirische Umland im Rahmen des *Modell Steiermark* und dessen Vorläuferprojekten bearbeitet worden.

Ein weiterer Einfluss auf die Grazer Architekturschaffenden kam von Yona Friedmans Protest gegen das Konzept der funktionalen, gegliederten Stadt.[49] Friedmann bezog ebenfalls eine Gegenposition zur Charta von Athen. Er sah die Zukunft der Stadt als ein Netzwerk bzw. eine Superstruktur.[50] Weitere Vorbilder waren das Team X unter der Wortführung Aldo van Eycks. Im Zentrum der Diskussion stand hier ebenso die Ablehnung des Funktionalismus der Stadt. Die Grazer Architekten, u. a. Friedrich Groß-Rannsbach und Eugen Gross, lernten diese Vorstellungen in Folge von Stipendien, Seminaren und Studienreisen kennen. Weiteren Einfluss hatten die Arbeiten von Archigram und den japanischen Metabolisten mit der Verbreitung der urbanen Großstruktur.[51] Alle Ansätze verfolgten das Ziel, ein Umdenken bezüglich der Strenge der modernen Architektur herbeizuführen, da sie zu einer Verarmung der städtischen Umgebung geführt hatte.[52] Überregional und öffentlich thematisierte die neu gegründete Österreichische Gesellschaft für Architektur (ÖGFA) in Wien die gebaute Wohnrealität. In der ersten Architekturausstellung der ÖGFA mit dem Titel *Neue Städtische Wohnformen* (→11) im Jahr 1966 drückte sich deren Kritik aus. Im ersten Teil der zweiteiligen Ausstellung wurden internationale Bemühungen zum Problem des städtischen Wohnens gezeigt. Beiträge stammten u. a. von Le Corbusier, Henry Sauvage (→12), Buckminster Fuller (→13), Walter Jonas (→14), Archigram, Yona Friedmann und Frei Otto.

(11) Henry Sauvage, Terrassenbebauung (1929)

(12) Richard Buckminster Fuller, „Dymaxion"-Haus (1927)

(13) Walter Jonas, Trichterhaus (um 1958)

[48]   Vgl. Mitscherlich 1965, 9–20.
[49]   Vgl. Dimitriou 1993, 22.
[50]   Vgl. Huth 2014.
[51]   Vgl. Gross o. J., 217 f.; Frampton 1987, 239; Dimitriou 1993, 22.
[52]   Frampton 1987, 243.

Die vorgestellten Projekte präsentierten visionäre Gedanken
zur Vorstellung des Wohnhauses
und der Wohnung. Viktor Hufna-
gel als Mitkurator der Ausstellung sprach in seinem Vortrag
davon, „[…] freiwillig, jenseits
politischer und konfessioneller
Begrenzungen urbane Gemeinschaften einzugehen […]". [53]
Weiterhin sprach er den Wunsch
aus, dass Menschen durch
das gemeinsame Erlebnis des
Bauens und des selbstgestalte-
ten Zusammenlebens Versuchs-
siedlungen entwickeln. Der
Anspruch der beiden Ausstellun-

gen war es, die Begeisterung der Bevölkerung und der Architekten
hieran zu wecken.[54]

Der zweite Ausstellungsteil präsentierte Vorschläge österreichischer
Architekten zur Veränderung der gegenwärtigen Situation im Wohnungsbau. Es wurden 28 visionäre Ideen zum Thema des Wohnbaus
und Lebens in urbanen Regionen vorgestellt. Beiträge lieferten u. a.
Günther Domenig zusammen mit Eilfried Huth (→15), Günther Feuerstein (→16), Helmar Zwick (→17), Hubert Hoffmann, Ottokar Uhl,
Hans Hollein und Hermann Czech (→18). Die Annäherung an das Thema geschah über die theoretische Ebene sowie in der Entwicklung
von räumlichen Prinzipien. Gemeinsam haben die präsentierten Ideen
den Ansatz der städtischen Verdichtung mit gleichzeitiger Rücksicht
auf die soziale Komponente sowohl in Austausch, Entfaltung als auch
Rückzug des Individuums.[55]

Im Jahr 1969 drückte der Architekt und Karikaturist Gustav Peichl Kritik an dem System des Wohnbaus unter seinem Pseudonym *Ironi-
mus* aus. Die Karikatur *Der Wohnbaubomber* (→19) stellt die hügelige
Steiermark dar. Ein Flugzeug, betitelt als Wohnbaugenossenschaft
„Schöne Welt", wirft monotone Einheitswohnbauten über der Landschaft ab. Diese variieren in ihrer Größe, gleichen sich jedoch in der
Typologie. Die Karikatur kann im zeitlichen Zusammenhang der 68er-
Generation verstanden werden. Das Aufbegehren der Jungen gegen
bestehende Systeme, Denkweisen und Ansichten ist ein Sinnbild

[53]   Österreichische Gesellschaft für Architektur in Wien 1966.
[54]   Ebd.; Auszüge aus dem Vortrag in der Urania am 10.04.1967 und
         einem Aufsatz im Oktober 1967.
[55]   Ebd.; Projektbeschreibungen der Vorschläge österreichischer Architek-
         ten.

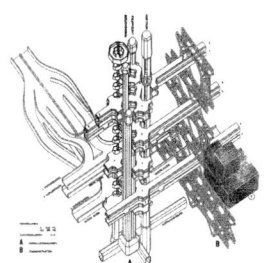
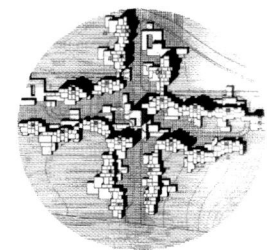
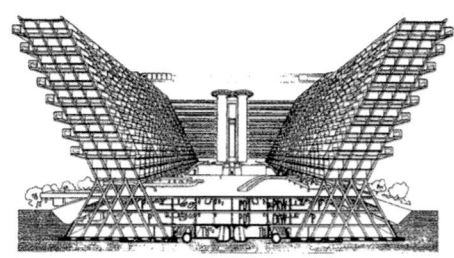

des gesellschaftlichen Generationenkonflikts dieser Zeit, welcher sich auch in der Politik der Steiermark niederschlug.

Auf fruchtbaren Boden fiel das Aufbegehren in der Steiermark aufgrund einer fast traditionellen Anti-Wien-Positionierung und der daraus entwickelten eigenständigen Kulturszene. Historisch zählten Graz und die Steiermark „zum Fundament des Staates Österreich".[56] Graz war Residenzstadt des Kaisers bis zum Umzug des Hofes nach Wien im Jahr 1619. Im 19. Jahrhundert profitierte die Stellung der Steiermark vom Spannungsverhältnis zwischen Kaiser Franz in Wien und seinem Bruder Erzherzog Johann in Graz. Erzherzog Johann entwickelte und förderte die Steiermark unter seinen vier „I"– Industrialisierung, Innovation, Institutionalisierung und Intervention – zur Eigenständigkeit.[57] Seine Frontstellung und Kritik am Wiener zentralistischen System wurde hierdurch untermauert.[58] Diese steirischen Charakteristika bildeten den Nährboden für Initiativen und einen Gegenpol zur Bundeshauptstadt.[59]

In der Nachkriegszeit stand die Steiermark in den 1950er bis Ende der 1960er Jahre unter der Regierung der ÖVP mit Josef Krainer sen. (→20) als Landeshauptmann. Gemeinsam mit der SPÖ und der wesentlich kleineren FPÖ ergab sich ein politisches Dreieck, in dem die beiden Großparteien dominierten.[60] Im Vergleich mit den anderen Bundesländern war die Steiermark in der Durchsetzung ihrer Landesinteressen gegen Bundesinteressen meist führend und oft initiativ.[61] Krainer förderte die Eigenständigkeit der Steiermark und opponierte gegen den Wiener Zentralismus.

Der Wahlerfolg der SPÖ mit Bruno Kreisky als Spitzenkandidat bei den Nationalratswahlen im März 1970 bescherte Österreich den ersten sozialistischen Bundeskanzler. Kreisky, ab 1971 mit einer absoluten Mehrheit ausgestattet, lud kritische Wähler ein, „ein Stück des Weges mitzugehen".[62] Diese Zäsur in der österreichischen Nachkriegs-

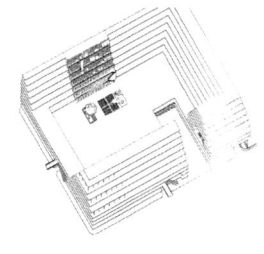

(15) Domenig/Huth, Wohnverbauung Ragnitz–Graz (1965–1969)

(16) Günther Feuerstein, Siedlung (um 1966)

(17) Helmar Zwick, Schnitt Stadtband (um 1966)

(18) Hermann Czech, Blockrandbebauung (um 1966)

[56]   Ebd., 22 f.
[57]   Vgl. ebd.
[58]   Vgl. Ableitinger/Binder 2002, 557.
[59]   Vgl. Wagner 2019, 216.
[60]   Vgl. Karner 2000, 393.
[61]   Vgl. ebd., 399.
[62]   Vgl. ebd., 415.

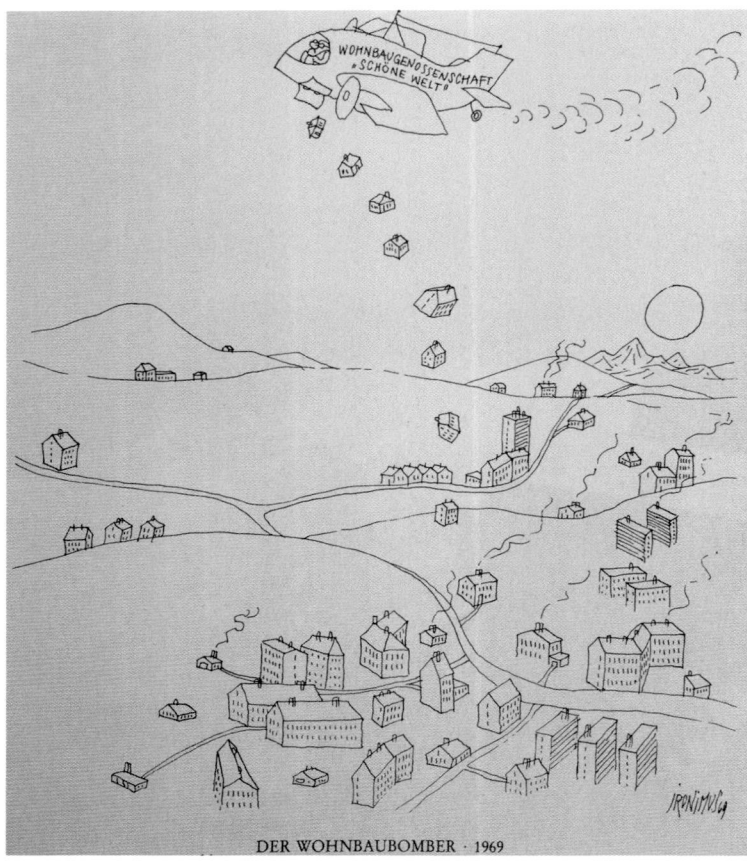

DER WOHNBAUBOMBER · 1969

geschichte brachte nachhaltige gesellschaftliche Veränderungen und
Umbrüche im Land mit sich. Die Opposition der ÖVP gegen Kreisky
und das „rote Wien" beflügelte die steirische Haltung.[63] Die Steiermark baute die traditionelle Anti-Wien-Positionierung aus und nutzte
sie, um ein starkes politisches und föderalistisches Gegengewicht
zu bilden.[64] Das Grundmuster, bestehend aus Landesbewusstsein,
Föderalismus und einem Konzept von Einheit in der Vielfalt, wurde
seit jeher gepflegt.[65] In den 1970er Jahren positionierte sich die steirische ÖVP unter Landeshauptmann Friedrich Niederl (1971–1980)
(→21) weiter gegen Wien.[66] Mit den Vorarbeiten unter Krainer sen.
und bereits der Unterstützung von Josef Krainer jun. (→22) fällt in
die Amtszeit von Niederl die erstmalige Präsentation der Zukunfts-

[63]   Vgl. ebd., 418.
[64]   Ebd., 415.
[65]   Ebd., 23.
[66]   Ebd., 394.

(20) Josef Krainer sen. (1968)

(21) Friedrich Niederl (o. J.)

(22) Josef Krainer jun. (1990)

vorstellungen der ÖVP – das *Modell Steiermark*.[67] Der Antriebsfaktor der steirischen Bemühungen entstand aus dem Konkurrenzgedanken gegenüber den sozialistischen Reformen der Bundesregierung unter Kreisky in Wien und verstand sich als bürgerliche Reformalternative.[68] Die Positionierung und Gestaltung erfolgte maßgeblich über kulturelle Themen.

Als Neuausrichtung der bis dahin von ehemaligen Nationalsozialisten dominierten Grazer Kulturszene schuf Landeshauptmann Krainer sen. bereits im Jahr 1957 das Kulturressort der Steiermark unter der Leitung von Hanns Koren. Dies verlieh dem künstlerischen und kreativen Potenzial im Land einen hohen Stellenwert.[69] Es war der Beginn einer „[…] losen Annäherung von Künstlern und Wissenschaftlern an die steirische ÖVP und des Versuchs einer Veränderung auf dem Fundament des Traditionellen".[70] In Anlehnung an den politischen Grundtenor der Steirer, einen Gegenpol zur Machtzentrale in Wien darzustellen, achtete Koren bei der steirischen Kulturszene speziell darauf, dass diese eigenständig und nicht in Anlehnung an Wien oder Salzburg agierte. Die Kunst wurde nur wenig in ihrer Ausübung reguliert, was eine Modernisierung des kulturellen Lebens in der Steiermark ermöglichte.[71] „Die avantgardistische Kulturpolitik […] wurde Teil der steirischen Identität als einer Symbiose von Weite, Enge und Tiefe, von Tradition und Moderne."[72] Der von der Kulturpolitik geförderte Diskurs ermöglichte der Kulturszene eine Plattform des offenen und künstlerischen Austauschs.[73] Dieser manifestierte sich u. a. in der Künstlervereinigung Forum Stadtpark. Das Forum Stadtpark entstand 1959 als eine Aktionsgemeinschaft von Grazer Künstlern, Wissenschaftlern und Kulturschaffenden mit dem verbindenden Wunsch nach einer dauerhaften Räumlichkeit für Kunstveranstaltungen.

[67]   Vgl. ebd., 419.
[68]   Vgl. ebd., 418.
[69]   Vgl. ebd., 470.
[70]   Ebd.
[71]   Vgl. Karner 2000, 399 und 471; Dachs/Gerlich/Müller 1995, 321.
[72]   Karner 2000, 394.
[73]   Vgl. Werkgruppe 2009; Karner 2000, 472.

Im Frühjahr 1967 fand im Rahmen einer Ausstellung im Forum Stadtpark eine öffentliche Präsentation und Diskussion der Arbeiten der
Planungsgruppe Domenig/Huth und der Werkgruppe Graz statt. Die
Werkgruppe Graz thematisierte unter dem Titel Kristallisationen einen
Querschnitt durch ihre Projekte aus den Jahren 1963–1966.[74] Die Planungsgruppe Domenig/Huth nannte ihren Beitrag Propositionen. Sie
zeigte erstmals öffentlich ihr Projekt Stadt Ragnitz, wobei es sich um
eine weiterentwickelte Bebauungsstudie für das Ragnitztal in Graz
handelte, die ursprünglich im Auftrag der GWS erarbeitet worden war.
Diese Ausstellung regte einen Diskurs über die Grenzen einzelner architektonischer Projekte hinaus an. Es wurde „eine neue Position gesellschaftlich relevanter Planung eröffnet".[75]

Die 68er-Generation

Mitte der 1960er Jahre wurden große Reformen durchgeführt,
welche u. a. zur Wohlstandsgesellschaft führten.[76] Als Basis hierfür definierten Politik und Wirtschaft den Grundsatz des Fortschritts:
„Technologischer Fortschritt führt zu mehr Wirtschaftswachstum, das
steigert den Konsum, der wiederum Wohlstand und weiteren Fortschritt schafft."[77] Im Haushaltsalltag äußerte sich der Fortschritt durch
neue, arbeitssparende Technologien in Form von elektrischen Haus-
haltsgeräten, wie z. B. Mixer, Waschmaschine und Kühlschrank.[78]
Ende der 1960er Jahre formte sich außerdem eine Gesellschaft, die
Werte einforderte, die im rücksichtslosen Massenkonsum zu ver-
schwinden drohten.[79] Der Widerstand gegen bestehende politische
Systeme erwachte: Die 68er-Generation wurde geboren. Es entstand
ein neues Lebensgefühl, in der die persönliche Entfaltung durch die
Jugend gefordert wurde, welche sich bezüglich Mode und Lebenshal-
tung an Musikidolen orientierte. Das Aufbegehrende und Unberechen-
bare faszinierte.[80] So wie in vielen westlichen Ländern und Städten
war der Umbruch durch die 68er-Bewegung auch in der Steiermark,
vor allem in Graz, spürbar.[81] Mit dem Aufbegehren entwickelte sich
ein neuer Geist. Das Jahr 1968 war durch die Studentenproteste und
einen gesellschaftlichen Aufbruch in ganz Europa gekennzeichnet. Die
Bewegung richtete sich im Speziellen gegen die ideologische und politische Kontinuität in Kunst und Politik.[82] Die Studenten begannen,

[74]   Vgl. Werkgruppe 2009.
[75]   Ebd.
[76]   Vgl. Karner 2000, 415.
[77]   Ebd., 461.
[78]   Ebd., 460.
[79]   Vgl. Kriechbaumer 1998, 639 ff.
[80]   Vgl. Karner 2000, 460.
[81]   Vgl. ebd., 410.
[82]   Vgl. Karner 2000, 410.

sich als Stand zu begreifen, der sich gegenüber der offiziellen Politik artikulieren muss und programmatische Forderungen stellt.[83]

Im bestehenden Wohnbausystem griffen die Architekten den Mangel an Vielfalt in ihren Protesten auf. „Pragmatische Mechanismen des Wohnbaus, technokratische Normen und industrielle Bauvereinfachung hat eine notwendige und lebendige Varietät im sozialen Wohnbau zerstört."[84] Die Architektengemeinschaft der Werkgruppe Graz formulierte retrospektiv: „Es war nicht die Zeit, auf einen Auftrag zu warten, er [der Entwurf] musste als ‚innerer Auftrag' aufgefasst werden."[85] Die Werkgruppe Graz vertrat die Auffassung, dass die Auseinandersetzung mit der Gesellschaft ein Auftrag der Architekten sei und auf dieser Basis Architektur entstehe. Die zukünftigen Bauaufgaben entstanden demnach aufgrund der Analyse der Realität. Architekten sollten Möglichkeiten aufzeigen, gegenwärtige Themen in Gebäude und Strukturen umzusetzen. Die Terrassenhaussiedlung ist ein Beispiel hierfür. Diese Arbeitsauffassung ist auf den Geist der Zeichensäle an der TH Graz zurückzuführen, die als fruchtbarer Boden neuer Ideen fungierten. In diesen Sälen entstand nach den Wirren der Kriegsjahre in Eigendynamik und im Kleinen ein neues Selbstbewusstsein der in Graz heranwachsenden Architektengeneration. Die Studenten entwickelten mit viel Selbstvertrauen ein eigenes, neues Verständnis zum Thema *Wohnen*, indem sie an neuen Wohnbautheorien arbeiteten, Projektideen und initiative Entwürfe entwickelten und dadurch den Diskurs zum Wohnen der Zukunft befeuerten.[86] Bedürfnisse und Wünsche zukünftiger Bewohner wurden von ihnen hinterfragt, wodurch eine verstärkte Auseinandersetzung mit den Menschen, für die man baute, entstand. Die Projekte wurden von den Studenten selbst entwickelt, verwaltet und auch rege diskutiert. Dies konnte man als ein Selbststudium im Team, auf hohem intellektuellem Niveau, bezeichnen. Nach Ansicht der Studenten hatten die Professoren kaum Einfluss auf ihr Schaffen.[87] Dennoch prägten die beiden Professoren Friedrich Zotter und Hubert Hoffmann die Architekturauffassung in Graz maßgeblich.[88] Zotter, von 1925 bis 1961 als Professor an der Technischen Hochschule Graz tätig,[89] „[…] fühlte sich […] verpflichtet, die Auseinandersetzung mit den bestimmenden und gestaltenden Kräften der Gesellschaft zu suchen; eine Einstellung und Haltung, die er vor allem auch seinen Schülern an der Universität weitervermittelt hat."[90] Ende der 1950er Jahre verstärkte Hubert

[83]   Vgl. Werkgruppe 2009.
[84]   Huth/Pollet 1976, 9.
[85]   Werkgruppe 2009.
[86]   Vgl. ebd.
[87]   Giencke 2012, 76–79.
[88]   Vgl. Karner 2000, 484.
[89]   Vgl. nextroom – architektur im netz 2016.
[90]   Karner 2000, 484.

Hoffmann die solidarisch-gesellschaftliche Auffassung von Städtebau, Urbanismus und Architektur und sorgte für eine „[…] nachhaltige Wirkung sowohl auf die Studenten wie auch auf die Stadt Graz".[91] Die lose entstandenen Arbeitsgemeinschaften in den Zeichensälen wurden später teils zwischen den von Absolventen gegründeten Architekturbüros weitergeführt, in denen an gemeinsamen theoretischen sowie praktischen Projekten gearbeitet wurde.

Der Architekturkritiker Friedrich Achleitner prägte Ende der 1960er Jahre den Begriff Grazer Schule.[92] Zwei ihrer Vertreter, welche erwähnt werden und ebenso im Modell Steiermark Bauten realisiert haben, sind Bernhard Hafner und Heidulf Gerngroß.[93] Die zeitliche Parallelität der Grazer Schule und der realisierten Wohnbauprojekte des *Modell Steiermark* wird besonders deutlich in Achleitners Neudefinition der Grazer Schule von 1981.[94] In dieser Definition tauchen Personen wie Michael Szyszkowitz, Karla Kowalski, Eilfried Huth, Günther Domenig und auch die Architektengruppen wie Werkgruppe Graz und das Team A auf. Für Sokratis Dimitriou ist ein klares Merkmal der Grazer Architekturszene dieser Jahre die ganzheitliche Betrachtung der Architektur.[95] Erweitert für den Wohnbau kann man von einer intensiven Auseinandersetzung mit der Gesellschaft sprechen, die in den realisierten Wohnbauprojekten ihren Niederschlag fand.

Aber auch über Bauaufgaben hinaus waren die Grazer Architekturstudenten dieser Zeit im politisch-städtischen Diskurs aktiv. Im Geist der 68er-Bewegungen war die Aktion ein Beispiel für das Aufbegehren der Jungen in Graz. Dabei handelte es sich um eine Studentenpartei, die 1965 von Gerfried Sperl, Gerd Lau und Helmut Strobl gegründet wurde.[96] Bernd Schilcher, ein weiterer Protagonist dieser Partei, der in der Entwicklung des *Modell Steiermark* eine entscheidende Rolle einnehmen sollte, formulierte: „Wir waren alle wahnsinnig kritisch […], jede Erscheinung in der Gesellschaft musste hinterfragt werden."[97]

Ein Beispiel dieses politischen Widerstands stellt der Protest gegen die Trassenführung der Pyhrnautobahn bei Graz dar. Professor Hubert Hoffmann kämpfte dabei gegen die Idee der autogerechten Stadt an. Die Architekturstudenten solidarisierten sich mit ihm, um im Hinblick auf eine lebenswerte Stadt einen Gesinnungswandel herbeizuführen. So entstand eine starke Bürgerinitiative.[98] Die Architekten sahen eine wichtige Verantwortung in diesem Entwicklungsprozess, der sie mit Kollegen und Freunden aus dem Atelier ausbrechen ließ und die

[91]   Ebd.
[92]   Vgl. Wagner 2012, 59.
[93]   Ebd., 65.
[94]   Ebd., 64 ff.
[95]   Vgl. Dimitriou 1986, 177.
[96]   Vgl. Karner 2000, 412.
[97]   Ebd.
[98]   Vgl. Werkgruppe 2009.

„Zeichensaalrevolution", für die Graz bekannt wurde, in die Öffentlichkeit trug.[99] Der Widerstand zeigte Erfolg und mündete in der Verlagerung der Trasse in den westlich an das Stadtgebiet angrenzenden Plabutsch in Form einer Tunnelführung.

Die Proteste in der steirischen Szene zeigten Einfluss auf die steirische Landespolitik in den 1970er Jahren und zu Beginn der 1980er Jahre, die in ihrer politischen Zielsetzung den wirtschaftlichen und infrastrukturellen Ausbau, die Einführung weiterer Umweltstandards und die verstärkte Förderung von Wohnungen für junge Familien integrierte.[100] Inhaltlich und personell mündete die Reformarbeit der 68er-Bewegung in der Steiermark in Leitprogramme der Großparteien.[101] In sogenannten Denkwerkstätten erarbeiteten die Parteien unter Einbindung von Wissenschaftlern, Künstlern und Schriftstellern Ideen für die Zukunft der Steiermark. In der SPÖ wurde diese Arbeit unter dem Begriff Leitlinien und später „Alternativen 2000" durchgeführt.[102] Die ÖVP stellte ihre Ideen im Jahr 1972 unter dem Namen *Modell Steiermark* vor.[103]

Die genannten politischen und gesellschaftlichen Einflussfaktoren unterstützten das Umdenken in Bezug auf den steirischen Wohnbau der 1950er und 1960er Jahre. Erste Ergebnisse dieses Umdenkens waren die *Terrassenhaussiedlung* in Graz und die *Eschensiedlung* in Deutschlandsberg. Sie stellen Wegbereiter und Pionierprojekte für die Umsetzung des *Modell Steiermark* dar. Das Ziel beider Wohnbauprojekte war die Auflösung des dargestellten Konflikts zwischen den zwei Wohnmöglichkeiten: sozialer Massenwohnbau und Einfamilienhaus im Grünen. Die Bearbeitung des Problemfeldes erfolgte auf beiden Maßstabsebenen – im urbanen und ruralen Raum. Die Terrassenhausiedlung wurde als Großprojekt im städtischen Umfeld konzipiert, die Eschensiedlung als Reihenhausprojekt im ländlichen Kontext. Beide Siedlungen legen ein klares Zeugnis von den Auseinandersetzungen mit der Gesellschaft und ihren Bedürfnissen ab. Sie versuchten eine Alternative und ein neues Wohn-Leitbild zu den bestehenden Möglichkeiten aufzuzeigen.

[99]   Ebd.
[100]   Vgl. Karner 2000, 418.
[101]   Vgl. ebd., 418 ff.
[102]   Vgl. ebd., 423.
[103]   Vgl. ebd., 414.

TERRASSENHAUSSIEDLUNG GRAZ-ST. PETER

Adresse	Sankt-Peter-Hauptstraße 29–35, 8042 Graz
Architekten	Werkgruppe Graz
Bauherr	Gemeinnützige Wohnbauvereinigung GesmbH, vertreten durch: Verein der Freunde des Wohnungseigentums, Graz
Entwurf	1965
Ausführung	1972–1978
Wohneinheiten	522 (bei Einzug)
Wohnungstypen	24
Wohnungsgröße	45–150 m²
Bewohner	ca. 2000 (bei Einzug)
Grundstücksfläche	45.000 m²
Wohnnutzfläche	50.000 m²
Zusatzeinrichtungen	Gemeinschaftsräume/-flächen im Innen- und Außenbereich, Kindergarten

26

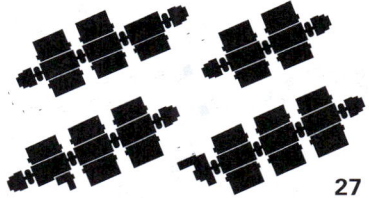

27

Sozialer Wohnbau wie er bei uns heißt, ist erst dann sozial, wenn er wirklich soziale Funktionen erfüllt – nicht wenn er öffentlich finanziert wird.

Werkgruppe Graz

Auf Grundlage der Kritik am bestehenden System des Wohnbaus der 1950er Jahre wurde die Terrassenhaussiedlung (→23, →24, →25, →26, →27) als Utopie entworfen und realisiert.[104] Die Architekten der Werkgruppe Graz verstanden dies in Anlehnung an den philosophischen Utopie-Begriff nach der Definition von Max Horkheimer: „die Kritik dessen, was ist, und die Darstellung dessen, was sein soll".[105] Durch den Entwurf der Terrassenhaussiedlung zeigte die Werkgruppe Graz eine neue Form des Wohnens. Sie ist ein gebautes Experiment, dessen Erprobung neuer Planungsprozessansätze durch den Status des Demonstrativbauvorhabens, das heißt mit Forschungsgeldern seitens des damaligen Bautenministeriums, wissenschaftlich begleitet und dokumentiert wurde. Der Vorbildcharakter für den Wohnbau unter dem *Modell Steiermark* ist signifikant: Das Konzept nach dem Prinzip des individuellen „Haus im Haus" war allumfassend sowie beispiel- und vorbildlos in der Steiermark. Die Möglichkeit zur intensiven Partizipation von zukünftigen Bewohnerinnen und Bewohnern im Planungsprozess gab der Weiterentwicklung des Wohnbaus entscheidende Impulse.

[104]   Vgl. Gross u. a. 1979, 19.
[105]   Horkheimer 1930, 86.

Die Werkgruppe Graz

Die Werkgruppe Graz (→**28**) wurde 1959 als Arbeitsgemeinschaft durch die Architekten Eugen Gross, Friedrich Groß-Rannsbach, Werner Hollomey und Hermann Pichler gegründet. Das gemeinsame Studium an der Technischen Hochschule Graz und die Zusammenarbeit in Zeichensälen hatten eine Freundschaft entstehen lassen. „Als sich unsere Gruppe [...] konstituiert hat, hatten wir die Absicht und auch die Hoffnung, in einem Kreis, einem kleinen Kreis von Freunden zusammen zu arbeiten."[106] Die Mitglieder der Werkgruppe versuchten mit Neugier und Offenheit konstruktive Innovationen und soziales Engagement umzusetzen.[107] Sie setzten sich kritisch mit Themen der Umwelt, des Städtebaus, der Regionalentwicklung und gesellschaftlichen Entwicklungen ihrer Zeit auseinander. Einflüsse auf ihre Architektur und das theoretisch-analytische Denken hatten in besonderem Maße ihre Professoren Friedrich Zotter, Hubert Hoffmann und Karl Raimund Lorenz an der TH Graz. Für Eugen Gross war die Teilnahme an der Salzburger Sommerakademie 1957 bei Konrad Wachsmann ebenfalls ein entscheidender Impuls.[108] Die Werkgruppe Graz versuchte mit einer Vielzahl von theoretischen Texten ihre Ideen und Vorstellungen über Architekturtheorie sowie politisches Bewusstsein darzustellen. Für sie war diese Herangehensweise untrennbar mit Entwurfs- und Planungsaufgaben verbunden.[109] Ihre Standpunkte sind in über 180 Publikationen und Beiträgen[110] bis in die heutige Zeit dokumentiert. Die Arbeitsauffassung der Architektengemeinschaft wurde am treffendsten von Werner Hollomey in einem Interview des Österreichischen Rundfunks von 1980 ausgedrückt:

„Die Gesellschaft ist in viele Einzelproblematiken zerlegt. Es geht also darum, für eine Vielzahl von diesen menschlichen Betätigungen nun adäquate Räumlichkeiten zu schaffen. Es ging also für den Architekten darum, diese Notwendigkeiten aufzuspüren und diese Notwendigkeiten in eine Überdeckung zu bringen mit seiner Interpretation der Aufgabe und mit seiner ganz allgemeinen Sicht, eine Umsetzung in eine künstlerische Gestalthaftigkeit, die den Erwartungen des Menschen bestmöglich zu dienen in der Lage ist."[111]

Den Worten und Schriften der Werkgruppe zufolge war speziell die soziale Dimension, das heißt die Auseinandersetzung mit der Gesellschaft und die Übersetzung der gewonnenen Erkenntnisse in das Gebäude, ein besonderes Anliegen. Sie sah die Gesellschaft in ihrer Gesamtheit, analysierte die Probleme und Herausforderungen der

(28) Werkgruppe Graz: Eugen Groß (sitzend), Werner Hollomey, Walter Laggner, Friedrich Groß-Rannsbach und Hermann Pichler (Peter Trummer nicht im Bild) vor der fertiggestellten Terrassenhaussiedlung, Graz (1978)

[106]   Werkgruppe Graz 1980.
[107]   Vgl. Guttmann/Kaiser 2013, 8.
[108]   Ebd., 8.
[109]   Vgl. Werkgruppe Graz 1980.
[110]   Vgl. Werkgruppe 2009.
[111]   Werkgruppe Graz 1980.

Gegenwart und baute für die Zukunft. Der Mangel an Wohnbaualternativen zum Massenwohnbau und dem Einfamilienhaus wurde als Fragestellung verstanden. Die Entwürfe der Werkgruppe formulierten hierzu mögliche Antworten. Sie selbst formulierten ihre Arbeitsweise wie folgt: „Die gründliche Analyse des kulturellen und geistigen Hintergrundes, in dem Architektur entsteht, und die Darstellung der gesellschaftlichen und individuellen Einstellung, unter der Architektur als Lebensäußerung hervortritt, bilden die notwendige Voraussetzung für die architektonische Praxis. Es ist die ethische Interpretation des Architekten, die die Tätigkeit der Werkgruppe gewiss am besten charakterisiert."[112]

Das Studentenhaus am Hafnerriegel in Graz war 1961 der erste große Auftrag für die Werkgruppe. Hermann Pichler hatte mit der Gliederung der Hausgemeinschaft streng nach der Konzeption eines aktiven, sozialen Wohnverhaltens zu einer neuen Ausdrucksform gefunden. Sie entwarfen das Haus als Ort der Gemeinschaft.[113] Eine Schule in Kapfenberg, die Atriumsiedlung in Graz-St. Veit, das Atelierhaus in Graz und eine Reihe von Wohnanlagen folgten dieser Vorstellung, die dann erweitert durch die Partizipation in der Terrassenhaussiedlung in Graz-St. Peter kulminierte. Das Ziel ist stets, dem Wunsch nach individuellem Wohnen, wie es ein Einfamilienhaus bieten würde, und dem Kommunikationsbedürfnis gleichermaßen gerecht zu werden.[114]

Die Terrassenhaussiedlung war, wenn auch ein sehr frühes Werk der Werkgruppe, der Höhepunkt ihres Schaffens. In der 30-jährigen Zusammenarbeit der Werkgruppe setzten die vier Architekten ohne vertragliche Vereinbarungen auf gegenseitiges Vertrauen. Ihre Arbeitsgemeinschaft löste sich 1989 in Freundschaft auf.[115]

Der Entwurf

Der Entwurf der Terrassenhaussiedlung (→29) basiert auf der Teilnahme der Werkgruppe Graz an einem städtebaulichen Wettbewerb in Innsbruck/Völs in den Jahren 1962/63. Die Aufgabe bestand darin, eine Wohnanlage mit 800 Einheiten auf einem 40 ha großen Grundstück auszuarbeiten. Die Anlage war als geschlossenes Konzept einer Stadterweiterung zu planen, das durch die beabsichtigte Anlage eines künstlichen Sees die Landschaftsplanung einschloss.[116] Das entwickelte Konzept setzte die Außenräume in plastische Beziehung zu den Innenräumen. Auf diese Weise wurde eine erlebbare Einheit

[112]   Ebd.
[113]   Ebd.
[114]   Ebd.
[115]   Vgl. Interview mit Eugen Gross, geführt von Andrea Jany, Graz, 21.11.2013.
[116]   Vgl. Werkgruppe 2009.

geschaffen. Die verdichtete Flachbauweise aus Atriumwohnungen bildete einen Garagenhügel, während Geschosswohnungen um Installationsfixpunkte variabel entwickelt wurden.[117] Im Projekt Völs sollten viele Sinne der zukünftigen Bewohner angesprochen werden, Tiefe und Höhe, Weite und Enge, Lagern und Schweben durchdringen die Raumerfahrung. Den Bewohnern sollte die Möglichkeit geboten werden, innerhalb eines flexiblen und strukturalistisch aufgefassten

(29) Werkgruppe Graz, Terrassen-haussiedlung Graz, Struktur-modell, Fotomontage (ca. 1965)

Systems diese Körpererfahrungen bei der Gestaltung ihrer Wohnungen fortzuführen. Die Vision war geboren.[118] In der Prämierung des Wettbewerbs wurde der Beitrag der Werkgruppe nicht berücksichtigt, jedoch erhielt sie eine lobende Anerkennung.[119]

Nach dem Wettbewerb wurde der Innsbrucker Entwurf für eine Wohnanlage mit 1200 Einheiten für Graz-Algersdorf adaptiert. Das avisierte Grundstück wurde jedoch durch die Stadt verkauft und für den Bau des neuen Unfallkrankenhauses der Stadt Graz genutzt.[120] Zur gleichen Zeit beabsichtigte ein privater Eigentümer, das Grundstück einer im Jahr 1960 aufgelassenen Lehmgrube im Grazer Bezirk St. Peter, ca. 3 km südöstlich der Grazer Innenstadt, zu verkaufen. Daraufhin entwickelte die Werkgruppe Graz in den Jahren 1965/66 ein kostenloses Vorprojekt,[121] wodurch gemeinsam mit den assoziierten Partnern Peter Trummer und Walter Laggner das Projekt Terrassenhaussiedlung

[117]   Vgl. Gross u. a. 1979, 9.
[118]   Vgl. Werkgruppe 2009.
[119]   Vgl. Koch 1979, 8.
[120]   Ebd., 8.
[121]   Vgl. Interview mit Eugen Gross, geführt von Andrea Jany, Graz, 21.11.2013.

entstand. Die Terrassenhaussiedlung konnte schwerpunktbildend für die Erweiterung des Grazer Siedlungsgebietes werden.[122] Die Siedlung versuchte sich als Dorf in der Stadt, konnte dies jedoch ohne den fünften, nicht gebauten Baukörper, welcher Nahversorgung und Dienstleistungsangebote aufnehmen sollte, nicht realisieren. Sie liegt in einem Bereich, der nach dem Zweiten Weltkrieg als städtisches Ausweitungsgebiet vorgesehen war. Die Umgebung zeigt alle Phasen städtebaulicher Entwicklung: offene Einfamilienhausbebauung der Zwischenkriegszeit, Zeilen- und Hochhausbebauung des funktionalistischen Leitbildes der 50er Jahre und die Tendenz zur wiedererwachten Konzentration.[123]

Die mit Bauschutt gefüllte Lehmgrube stellte sehr ungünstige Bodenverhältnisse dar, worauf der Entwurf mit kompakten Bauformen reagierte, welche auf Pfählen gegründet wurden. Das Prinzip der terrassierten Stapelung führte dabei zu einer differenzierten Bauform in NW- und SO-Anordnung.[124] Auf Höhe des ehemaligen Lehmabbauniveaus wurde die zentrale Garage errichtet. Die Decke der Garage bildet zugleich das neue, künstliche Fußgängerniveau. „Die Formen der räumlichen Organisation werden immer aus den jeweils besonderen Formen des Zusammenlebens abgeleitet. Das Räumliche resultiert aus den ökonomischen und sozialen Überlegungen. Aus der Einzelzelle setzt sich in stufenweisem Aufbau von gesellschaftlichen Einheiten die Großform zusammen. Diese schließlich erscheint als stark plastisch gegliederte Außenerscheinung, die in der Verbindung von strenger Symmetrie und lockerer und assoziativer Asymmetrie über die rein funktionale Gestaltung hinaus zu einem ästhetischen Erlebnis wird. Die Formensprache steht zunächst im Zusammenhang mit der Formensprache der 60er Jahre." [125] Der Entwurf stützt sich auf eine Trennung der Planungsebenen in eine Primär-, Sekundär- und Tertiärstruktur.[126] Dies entspricht der Rohbaustruktur, dem individuellen Ausbau der Wohnung und der Partizipation im Bereich der eigenen Wohnungen, aber auch der gemeinschaftlichen Flächen.

Die Primärstruktur

Die Primärstruktur umfasst das Konzept der Anlage in den Aspekten des Städtebaus, der Kubatur, des Tragsystems und der Infrastruktur. Nach Gross sei sie der Ausdruck für das Bewusstsein einer Gemein-

[122]   Vgl. Forum Stadtpark 1996.
[123]   Vgl. Gross u. a. 1979, 4.
[124]   Vgl. Interview mit Eugen Gross, geführt von Andrea Jany, Graz, 21.11.2013.
[125]   Werkgruppe Graz 1980.
[126]   Vgl. Gross u. a. 1979, 11 ff.

schaft.[127] Ein wichtiges Prinzip im Entwurf stellt daher die Einbeziehung der Natur und die Wechselwirkung auf die Menschen dar. Die Werkgruppe Graz ging davon aus, dass eine unwirtliche städtische Umgebung die „Wochenend-Stadtflucht" hervorruft und somit auch die Zersiedelung des Umlands vorantreibt.[128] In der Anlage wurden daher Pflanzentröge, Terrassen und Raumnischen mit einer Vielzahl von Pflanzen, Bäumen, Sträuchern, Früchten und Blumen eingeplant, um eine Verzahnung mit der Natur herbeizuführen. „Die wuchernde Natur verändert den Gesamteindruck und das Klima hin zu einer dem Menschen angepassten Atmosphäre. In dieser wird das soziale Leben der Menschen sich dem Ausgleich, den die Natur bietet, hoffentlich nicht entziehen können!"[129]

Aufbauend auf diesen Grundüberlegungen erfolgte die Gliederung der Siedlung in zwei Häuserzeilen mit je zwei zueinander versetzten Gebäuden und einer Höhenstaffelung von 8 bis 14 Obergeschossen. Die südöstliche und nordwestliche Orientierung der Gebäude ermöglichte den Blick auf die Stadt und das damals noch grüne Umland (→**30**).

Die Architekten setzten sich zum Ziel, eine hohe Umweltqualität zu schaffen.[130] Dies versuchten sie durch eine konsequente Trennung von Fußgängern und dem motorisierten Individualverkehr zu erreichen, wobei sie Bezug auf eine der zentralen Forderungen der Moderne im Zusammenhang mit der Charta von Athen unter Le Corbusier

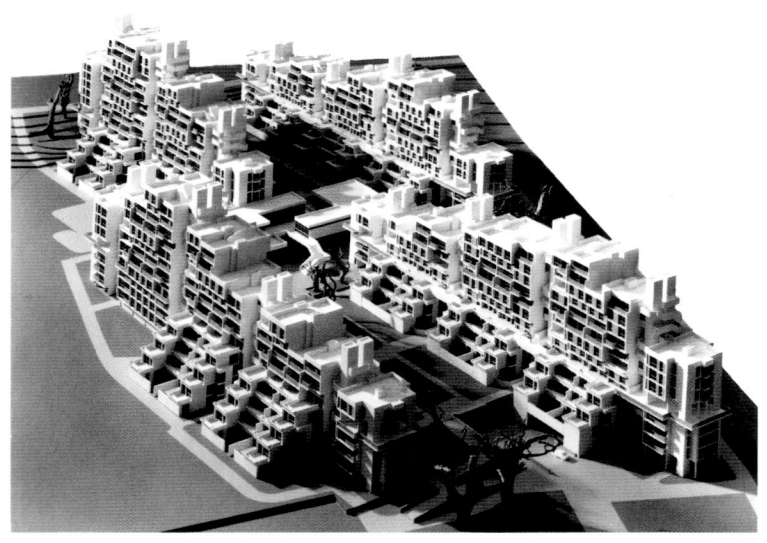

(30) Werkgruppe Graz, Terrassenhaussiedlung Graz, Modell (ca. 1972)

[127]   Ebd.
[128]   Ebd. und Interview mit Eugen Gross, geführt von Andrea Jany, Graz, 21.11.2013.
[129]   Gross u. a. 1979, 16.
[130]   Ebd., 8.

nahmen. Die Umsetzung erfolgte durch Errichtung einer Sammelgarage für 550 PKW, die auf das vorhandene Terrain gebaut wurde. Die Überbauung mit vier Wohnblöcken lässt die Garage unterirdisch wirken. Als Ausgangspunkt der Mitbestimmung[131] und des Interesses an der Wohnumgebung sah die Werkgruppe Graz die Kommunikation. Besonderen Wert legten die Architekten auf die Schaffung von Gemeinschaftsräumen im Innen- und Außenraum zur Pflege der Freundschaft und Nachbarschaft.[132] Die Garagendecke wurde daher als Fußgängerdeck im Sinne eines urbanen, gestreckten Platzes gestaltet, der als zentrale Verteilerebene, Kommunikationsfläche und öffentlicher Lebensbereich zwischen den Baukörpern dient. Des Weiteren befinden sich hier Wasserbecken, Sitzmöglichkeiten und Grünflächen. Die Bewohner legten einen privaten Kleingarten mit Gemüse- und Kräuterbeeten an.

Einhergehend mit dem Bauvorgang der Terrassenhaussiedlung bereitete die Werkgruppe Graz den Entwicklungsplan Graz-Südost vor. Dieser sah die Umstrukturierung des alten Industriegebietes, ein durch Ziegeleien bestimmtes Gebiet, in ein „Reines Wohngebiet" vor.[133] Hierdurch konnte ein angrenzender Bereich im Nordosten der Siedlung als Naherholungsgebiet gesichert werden, der in Graz als Eustacchio-Gründe bekannt ist. Das Gebiet umfasst eine Sportanlage, mehrere Teiche und einen Mischwald und dient als Naherholungszone mit Spielplätzen und Fitnesspfaden.

In der Terrassenhausanlage wohnten bei Fertigstellung im Jahr 1978 ca. 2000 Menschen. Dies entspricht einer kleinen Ortschaft, die ein eigenes soziales Leben entwickelt. In der Planung waren daher ein Kindergarten mit Spielplatz, Cafés, Geschäfte für den täglichen Bedarf und Gemeinschaftsflächen vorgesehen. Ein geplantes Gemeinschaftszentrum als fünftes Gebäudevolumen zur Verbindung der vier Hauptkörper mit Geschäften und Cafés kam aufgrund des Mangels an Mietinteressenten nicht zur Ausführung.[134] Heute befindet sich „das Zentrum", in weitaus kleinerer Variante zur allgemeinen Nutzung im Erdgeschoss des nordöstlichen Baukörpers der Anlage. Dies wird von der Interessensgemeinschaft verwaltet und bietet Platz für Kurse, Ausstellungen und Feste. Der zweigruppige Kindergarten im Erdgeschoss des nordwestlichen Baukörpers erlaubt die wohnungsnahe Betreuung der Kinder. Auf der Höhe des vierten Geschosses aller Baukörper ordneten die Planer eine öffentliche Ebene an, welche auch als optische Zäsur dient. Dies ist eine Erschließungsebene, die mit Gemeinschaftsräumen und -terrassen ausgestattet ist und die offenen Stiegenhäuser miteinander verbindet. Sie sollte eine soziale

[131]   Hier als Tertiärstruktur definiert.
[132]   Ebd., 17.
[133]   Vgl. ebd., 20.
[134]   Interview mit Eugen Gross, geführt von Andrea Jany, Graz, 21.11.2013.

Funktion übernehmen, da sie eine Ebene der Kommunikation untereinander und auch im nachbarschaftlichen Sinne darstellt.[135] Die Architekten zielten darauf ab, ein aktives soziales Wohnverhalten her-
vorzurufen und damit eine stärkere Integration des Individuums in die
Gemeinschaft zu unterstützen.[136]

Die Sekundärstruktur

Die Entwurfsebene der Sekundärstruktur bezieht sich auf die Wohnung als Ort der Individualität.[137] Die Architekten versuchten, den
Menschen in ihrer Unterschiedlichkeit auch unterschiedliche Wohnformen und Grundrisse anzubieten. Eine Wohnung konnte somit dem
menschlichen Bedürfnis nach Identität entsprechen. In der Terrassenhaussiedlung konnte jede Familie die Wohnform eines Einfamilienhauses erleben, ohne auf die Gemeinschaft verzichten zu müssen.[138]
Das Prinzip der Unterscheidbarkeit steht zusätzlich gegen Monotonie und Unterwerfung.[139] Insgesamt enwickelten die Architekten 24
Wohnungstypen, welche auf vier Grundtypen basierten: Terrassen-
wohnung, Maisonette, Atelier-Einheit und Dachterrassenwohnung.[140]
Im Jahr 1978, zum Zeitpunkt der finalen Wohnungsübergabe an die
Bewohner, umfasste die Wohnanlage 522 Wohnungen in den Grö-
ßen von 45 bis 150 m². Die Architekten fassten die Wohnungen als
Bausteine auf, die es, unter Berücksichtigung gewisser Spielregeln,
in eine Box zu bringen galt.[141] Dabei konnten sowohl die Position der
Innen- als auch die der Außenwände durch die zukünftigen Bewohner
gewählt werden.[142] Die Fassadenelemente wurden im Baukastensys-
tem entwickelt und nach den Wünschen der Bewohner eingefügt.[143]
Die zentralisierten Installationsschächte und das Planungsraster stellten die äußeren Rahmenbedingungen dar.

Die Tertiärstruktur

Die Entwurfsebene der Tertiärstruktur wurde seitens der Planenden
eingeführt und umfasste das Thema der Partizipation. Grundsätzlich
ist die Tertiärstruktur als integrativer Bestandteil in der Entwicklung

---

[135]   Vgl. Sagl 2015, 178.
[136]   Interview mit Eugen Gross, geführt von Andrea Jany, Graz, 21.11.2013.
[137]   Vgl. Gross u. a. 1979, 13.
[138]   Ebd.
[139]   Ebd.
[140]   Ebd., 2.
[141]   Vgl. Interview mit Eugen Gross, geführt von Andrea Jany, Graz,
          21.11.2013.
[142]   Vgl. Guttmann/Kaiser 2013, 30.
[143]   Vgl. Koch 1979, 8.

der Primär- und Sekundärstruktur zu verstehen. Das Konzept der Mitbestimmung sah ein Mitspracherecht in der Ausgestaltung der eigenen Wohnung und der gemeinschaftlich genutzten Flächen und Räume vor. Die Grenzen waren klar durch die vorgegebene räumliche Konfiguration der Baukörper gesteckt. Durch die Trennung des Bauablaufs in Erschließung-, Rohbau- und Ausbauphase konnten die Bewohnerwünsche berücksichtigt werden.[144] Die Mitbestimmung der Interessenten reichte von der Grundriss- und Fassadengestaltung über die Wohnungsausstattung bis zur Entscheidung hinsichtlich der Gemeinschaftsräume. Die individuellen Vorstellungen und Wünsche der Bewohner nahmen während der Planungsphase stark zu. Die Werkgruppe Graz sah dies als positives Zeichen und Erfolg ihrer Bestrebungen.[145] In einem Radiointerview, ausgestrahlt am 29. Oktober 1980 im Österreichischen Rundfunk, formulierten es die Architekten wie folgt: „Die Bewohner, die ihre Wohnung gestaltet haben, haben schließlich unser Konzept erst realisiert. Insofern sehen wir Bauen als Vorgeben des Notwendigen und die Offenheit das Andere, das Weitere dann ergänzen und praktisch die Form erst vollenden. Wohnen kann also in dieser Form viel stärker nach unserer Meinung zu einer Identifikation mit seinem Lebensraum führen."[146]

Zur organisatorischen Umsetzung der Partizipation wurde auf dem Baugrundstück in einem Container ein eigenes Beratungsbüro eingerichtet, um den zukünftigen Wohnungsinhabern eine Anlaufstelle zu bieten. Hier war es möglich, einen Termin für die konkrete Planung und Bearbeitung einer Wunschwohnung zu erhalten.[147] Den Käufern der Eigentumswohnungen diente dabei das Modell der Siedlung zur Bewusstwerdung ihrer Vorlieben bezüglich Lage, Größe, Besonnung, Aussicht und räumlicher Zuordnung der Wohnung.[148]

Die Projektentwicklung

Die Terrassenhaussiedlung war ein selbstinitiiertes Projekt der Werkgruppe Graz. Merkmale einer Auftragsarbeit zur Errichtung von Wohnraum im eigentlichen Sinne gibt es nicht.[149] Ausschließlich das Engagement der Architekten führte zur Realisierung. Für die Finanzierung konnte der Weg über den damaligen Wiederaufbaufonds[150] genommen werden. Dieser Fonds war in den Nachkriegsjahren vom Staat

[144]   Vgl. Gross u. a. 1979, 18.
[145]   Vgl. ebd.
[146]   Werkgruppe 1980.
[147]   Vgl. Interview mit Eugen Gross, geführt von Andrea Jany, Graz, 21.11.2013.
[148]   Vgl. Gross u. a. 1979, 6.
[149]   Vgl. Interview mit Eugen Gross, geführt von Andrea Jany, Graz, 21.11.2013.
[150]   Vgl. Nograsek 2001, 45 f.

Österreich eingerichtet worden, um die Sanierung von Gebäuden mit Kriegsschäden durch günstige Finanzierungskonditionen zu unterstützen. Am Grundstück der Terrassenhaussiedlung befand sich ein altes Gebäude, welches durch einen Bombenschaden beschädigt worden war. Dadurch erhielt der Eigentümer einen Bombenschein und Anspruch auf eine Förderung. Diese setzte sich aus 10% Eigenmittel, 30% Hypothekendarlehen und 60% eines günstigen Darlehens durch den Wiederaufbaufonds zusammen.[151]

Die Suche nach einem Bauträger, der sich der Herausforderungen dieses Projektes annahm, war schwierig.[152] Nach negativ verlaufenden Vorgesprächen mit steirischen Baugenossenschaften wurde die Suche auf Wien erweitert. Hier fand man in der Gemeinnützigen Wohnbauvereinigung einen Bauträger, welcher durch die Landesgeschäftsstelle für Steiermark des Vereins der Freunde des Wohnungseigentums vertreten wurde.[153] Nach sechsjähriger Vorlaufzeit konnte im Jahr 1972 mit dem Bau begonnen werden.

Die begleitende Forschung

In der Vorbereitung der Terrassenhaussiedlung stellte sich die Werkgruppe Graz eine weitere Aufgabe: die begleitende Beforschung des Projektes.[154] In Deutschland gab es seit 1. Januar 1962 eine entsprechende Richtlinie und Arbeitsgruppe für Demonstrativbauvorhaben. Die Werkgruppe Graz bemühte sich, diese auch nach Österreich zu holen.[155] Die Anstrengungen lohnten sich und so traten am 1. Juni 1964 die Richtlinien für Demonstrativbauvorhaben in Österreich in Kraft. Ein Demonstrativbauvorhaben ist hier wie folgt definiert: „Als Demonstrativ-Bauvorhaben werden Wohnungsbauvorhaben bezeichnet, die unter Mitarbeit eines Bauforschungsinstitutes nach den neuesten Erkenntnissen von Städtebau, Baukunst, Bautechnik und Bauwirtschaft möglichst vorbildlich durchgeführt und dabei systematisch als Lehrobjekt zur Verbreitung der neuen Erkenntnisse verwendet werden."[156]

Die Terrassenhaussiedlung war das erste Demonstrativbauvorhaben in Österreich.[157] Bei keinem weiteren Wohnbau wurde ein vergleichbarer wissenschaftlicher Aufwand betrieben.[158] Das Bundesministerium für Bauten und Technik mit der eigens eingerichteten Abteilung

[151]   Vgl. Interview mit Eugen Gross, geführt von Andrea Jany, Graz, 21.11.2013.
[152]   Ebd.
[153]   Ebd.
[154]   Interview mit Eugen Gross, geführt von Andrea Jany, Graz, 21.11.2013.
[155]   Vgl. ebd.
[156]   Forschungsgesellschaft für den Wohnungsbau 1964.
[157]   Vgl. Koch 1981, 1.
[158]   Ebd.

für Wohnbauforschung gab im Jahr 1971 das Forschungsprojekt bei der Forschungsgesellschaft für Wohnen, Bauen und Planen in Wien in Auftrag.[159] Die begleitende Forschung hatte eine möglichst lückenlose Erfassung und Untersuchung des Bauvorhabens nach humanwissenschaftlichen, konstruktiven, ökonomischen und organisatorischen Punkten zum Ziel.[160] Forschungsaufträge wurden in den Bereichen Projektorganisation und -kontrolle, Zivilschutz, Bauphysik und Gebäudeklimatologie, technischer Ausbau und Wirtschaftlichkeit von Ver- und Entsorgung, Hygiene, Wohnbaupsychologie und Soziologie, Wohnwertvergleich und Bewertung verschiedener Wohnungstypen, Grüngestaltung und Terrassen, Flachdächer und Freiräume sowie schließlich Netzplantechnik und Ablaufkontrolle vergeben. Die Untersuchungen fanden von 1972 bis 1975 statt. Die Projektierungsarbeiten waren bei Vergabe der Forschungsaufträge bereits weitestgehend abgeschlossen. Die Forscher fassten dies als Nachteil auf, da ihrer Auffassung nach die Projektforschung zu einer Zeit ansetzen sollte, zu der die Ergebnisse von Teiluntersuchungen noch Auswirkungen auf die Grundsatzplanungen haben können.[161] Die Forschungsergebnisse und -erkenntnisse sind in den einzelnen Fachbereichen publiziert und über die damalige Wohnbauforschung einem breiten Publikum zugänglich gemacht worden. Zudem wurde ein zusammenfassender Schlussbericht[162] über den ersten Bauabschnitt im Jahr 1975 präsentiert.[163] Die Weiterführung der Forschungsarbeiten wurde in vier Disziplinen gewährt: technischer Ausbau, Grünraumplanung, bauphysikalische Beurteilung und Methodik der Projektverwaltung.[164] Dementsprechend wurde von 1978 bis 1979 die zweite Untersuchungsreihe durchgeführt. Außerdem hat der Bauträger im Jahr 1980 eine weitere „Soziologische Erfolgsuntersuchung" auf eigene Kosten durchführen lassen.[165] Weiterführende Berichte sind während und nach der Bauphase in der Zeitschrift *Wohnbau* erschienen. Der Siedlung wurde zudem eine vollständige Ausgabe unter dem Titel „Graz-St. Peter: Die ‚durchforschte' Terrassenhaus-Siedlung"[166] gewidmet. Die Untersuchung der Wohnwerte wurde durch Christof Riccabona und Michael Wachberger, beide aus Wien, durchgeführt. Dem Vorwort des Abschlussberichts ist zu entnehmen: „Nach weitgehender Abdeckung des quantitativen Wohnungsfehlbestandes in Österreich, gewinnt die Frage der Wohnungsqualität immer mehr an Bedeutung, wobei unter Qualität nicht nur die

[159]   Koch 1981, 4.
[160]   Ebd., 1.
[161]   Ebd.
[162]   Vgl. Holub 1975.
[163]   Vgl. Koch 1981, 4.
[164]   Ebd.
[165]   Ebd., 1.
[166]   Koch 1981.

bautechnische Ausführung, sondern auch der Wohnwert verstanden werden soll."[167]

Der erste Teil dieses Forschungsvorhabens untersucht die geplanten Wohnungstypen hinsichtlich der Erfüllung von Mindestanforderungen. Im zweiten Teil werden die Möglichkeiten der Wohnungsumstrukturierung und Wohnungserweiterung untersucht. Teil drei erforscht den Grad der Nutzwertsteigerung durch Freiräume, die der Wohnung angegliedert sind.[168] In der Untersuchung wurde jeder der 24 Wohnungstypen einer qualitativen und quantitativen Analyse unterzogen. Die unterschiedlichen Freiräume in Form von Gemeinschaftsflächen und Privatflächen wurden besonders behandelt. Ziel war es, an einem praktischen Beispiel sowohl einen Einfluss auf die Planung als auch durch eine Rückkoppelung von Bewohnerurteilen eine Überprüfung der Mindestanforderungen vorzunehmen.[169] Die Untersuchung kam zu dem Schluss, dass die Terrassenhaussiedlung ein reichhaltiges und differenziertes Angebot für den Wohnungssuchenden biete. Sie garantiere eine gute Durchmischung im Bereich der sozialen Struktur und Altersstruktur der Bewohner.[170]

Die Wohnbaupsychologische Studie der Terrassenhaussiedlung wurde durch den Wiener Giselher Guttmann erstellt. Untersuchungsgegenstand waren die Einstellungen und Erwartungshaltungen der Wohnungswerber und der planenden Architekten mittels der Methoden „Polaritätsprofil" und „Reviergliederung". An der Stichprobe nahmen 86 Wohnungswerber, fünf Architekten und 48 Grazer Neutralpersonen als Kontrollgruppe teil.[171] Im Schlussbericht dieser Studie wird dargelegt, dass die Terrassenhaussiedlung von den Wohnungswerbern als ideale Wohnsituation erlebt werde. Die dominierende Eindrucksqualität der Wohnungswerber sei der „Nestcharakter". Von den 48 Grazer Neutralpersonen wird die Siedlung als wesentlich negativer beurteilt.[172] „Für Soziologen und Baupsychologen bot die große Anzahl von Bewohnern aus sehr unterschiedlichem Milieu ein ergiebiges Arbeitsfeld."[173]

Das wichtigste Ziel der soziologischen Untersuchungen war die Feststellung der Zufriedenheit mit der Wohnung, Wohnanlage und Wohnumgebung.[174] Entsprechende Studien wurden von Kurt Freisitzer in zwei Phasen durchgeführt. In den Jahren 1974/75 sind die Daten der ersten Phase erhoben worden. Die Daten der zweiten Phase stammen aus dem Jahr 1980. Durch die Erhebung während der Planungs-

[167]   Holub 1975, 47.
[168]   Vgl. ebd.
[169]   Vgl. ebd.
[170]   Vgl. ebd.
[171]   Vgl. ebd., 106–121.
[172]   Vgl. ebd., 115.
[173]   Koch 1981, 4.
[174]   Vgl. ebd., 10.

und Bauphase im Jahr 1974/75 und nach dem Einzug 1980 konnte eine Untersuchung nach Wunsch und Realität durchgeführt werden. Besonders hervorzuheben ist die Beurteilung der Außenflächen beider Untersuchungen. Aufgrund der Bedeutung des Nutzens des eigenen Außenbereichs und der Belästigung durch Lärm oder Einblicke der Nachbarn waren die negativen Befürchtungen bezüglich des Ergebnisses der ersten Untersuchung sehr hoch. Nach Einzug gingen diese Werte jedoch signifikant um bis zu 70% zurück.[175] Zusammenfassend und als größte Bestätigung für den Erfolg der Siedlung würden 81% der Bewohner ein zweites Mal in die Terrassenhaussiedlung einziehen. Dieses Ergebnis gewinnt durch die Tatsache an Bedeutung, dass 60% der Befragten ein Einfamilien- oder Reihenhaus als Wohnideal hatten.[176]

Da die Weiterführung der Forschungsarbeit seitens des Bautenministeriums in nur vier Disziplinen genehmigt wurde, sind die Ergebnisse lückenhaft. Das Demonstrativbauvorhaben Terrassenhaussiedlung Graz-St. Peter galt jedoch als der am gründlichsten durchforschte Wohnbau in Österreich mit Stand 1981.[177] Ein Wiener Beobachter der steirischen Szene war Robert Koch. Als Chefredakteur der Zeitschriftenreihe *Wohnbau* fasst er in einem Artikel über die Siedlung zusammen: „Aus den Erfahrungen ergeben sich – bei allen berechtigten oder vermeintlichen Zweifeln an der Konzeption und ihrer Realisierung – sicherlich wertvolle Anregungen für innovationsbereite Wohnhausplaner und -hersteller. Und zwar nicht nur für solche, die sich mit Großwohnanlagen beschäftigen."[178] Ein Fazit zur begleitenden Forschung sah er hinsichtlich des Beginns, diese „[...] müsse bedeutend früher einsetzen und der Bauvorbereitung vorangehend beziehungsweise Hand in Hand mit der Planung ablaufen"[179] Des Weiteren wäre im Vorfeld eine bessere Information über den Zweck der Bauforschung und die möglichen, auch negativen, Konsequenzen sinnvoll gewesen.[180]

[175]   Ebd., 11 ff.
[176]   Ebd., 13.
[177]   Ebd., 4.
[178]   Ebd.
[179]   Ebd.
[180]   Ebd.

Ausstellung „Neue Städtische Wohnformen"

*Ich glaube, dass man in seiner Stellung als Architekt [...] außeror-
dentlich verpflichtet ist, sich um das kulturelle Leben einer Stadt,
eines Landes, seiner Umgebung zu bemühen.*

Werner Hollomey

Die Stellung der Werkgruppe Graz und das Projekt der Terrassenhaussiedlung finden sich auch in einem übergeordneten österreichischen
Kontext wieder. Das Engagement der Architekten für die Weiterentwicklung des Wohnens und der eigenen Region ging über Graz und
die Steiermark hinaus. Im Jahr 1965 wurde in Wien die Österreichische Gesellschaft für Architektur (ÖGFA) als Plattform für eine unab-
hängige, kritische Debatte zu Architektur und Stadtplanung in Österreich gegründet. Eugen Gross war ein frühes Mitglied und zugleich
erstes steirisches Vorstandsmitglied.[181] Die erste Ausstellung des
neuen Forums entstand im Mai 1966 unter dem Titel „Neue städtische Wohnformen – 1. Teil" (→11).[182] Hier wurde ein Ausschnitt der
internationalen Bemühungen des städtischen Wohnens der vergangenen und gegenwärtigen Architekturtheorie und -praxis gezeigt.[183]
Für die österreichische Architekturszene bot die Ausstellung die Möglichkeit zu einer ersten Standortbestimmung neuer urbaner Konzepte.
Ein Dialog auf nationaler Ebene war eröffnet. Die Solidarisierung mit
Freunden und Kollegen wirkte anregend nach außen und brachte für
die Werkgruppe Graz eine Bestätigung und Aufmunterung.[184]
Der zweite Teil der Ausstellung war als Wanderausstellung konzipiert.
Sie bot eine Übersicht über die Arbeit einer neuen österreichischen
Architektengeneration – deren Visionen, Idealismus und Kritik. Im
Juni 1966 wurde sie zunächst in Wien, im Juli in Graz und anschlie-
ßend im August in St. Veit an der Glan gezeigt.[185] In Graz fand sie vom
18. bis 30. Juli 1966 im Forum Stadtpark statt. Die Werkgruppe Graz
präsentierte in dieser Ausstellung den Entwurf der Terrassenhaussiedlung erstmals der Öffentlichkeit. Daneben waren noch weitere 28
Utopie-Projekte österreichischer Architekten zu sehen. Die Terrassenhaussiedlung konnte als einziges davon realisiert werden.[186] Eugen
Gross hielt die Eröffnungsrede, in der er dazu aufrief, im Rahmen der
gesetzlich vorgesehenen Bauforschung gezielte Forschungsaufträge
zu vergeben, Demonstrativbauwettbewerbe auszuschreiben, experimentelle Projekte zu errichten und sich dann auch damit auseinan-

[181]   E-Mail von Eugen Gross an die Autorin vom 29.08.2015.
[182]   Vgl. Wohnbau 1982, 9.
[183]   Vgl. Österreichische Gesellschaft für Architektur in Wien 1966.
[184]   Vgl. Werkgruppe 2009.
[185]   Vgl. E-Mail von Eugen Gross an die Autorin vom 15.09.2015.
[186]   Vgl. Koch 1982, 9.

derzusetzen, das heißt das dafür aufgewendete Geld auch nutzbar werden zu lassen. Jedes Experiment schließe Fehlschläge ein, es gelte auch, Lösungen auszuscheiden und falsche Wege zu erkennen.[187] Gross nahm mit diesen Worten eine Entwicklung vorweg, welche ca. 15 Jahre später unter dem Titel *Modell Steiermark* formuliert und realisiert wurde. In Vorbereitung auf die Ausstellung formulierte die ÖGFA Forderungen zum Wohnbau der Zukunft. Diese entsprangen einer Meinungsbildung innerhalb der ÖGFA.[188] Die neun Forderungen waren dem Ausstellungskatalog beigelegt:[189]

1. „Eine neue Gesetzgebung als Grundlage für neue Wohnbauformen im Rahmen neuer Konzepte des Städtebaues
2. Mischung der Stätten des Wohnens, des Arbeitens, der Erholung und der Bildung entsprechend den natürlichen Lebensfunktionen des Menschen
3. Verflechtung privater und öffentlicher Funktionen für gemeinschaftsbildende Kontaktmöglichkeiten
4. Horizontale und vertikale Konzentration der Bebauung als Voraussetzung neuer urbaner Wohnformen
5. Trennung der Verkehrsebenen aus der Forderung nach ungestörten Fussgeherbereichen
6. Das Einfamilienhaus als Inspirationsquelle familiengemäßen Wohnens
7. Wissenschaftliche Forschung industrieller Vorfertigungsmethoden für die wirtschaftliche Realisierung neuer Ideen
8. Schöpferische Aktivierung der Bewohner als Möglichkeit zur Selbstverwirklichung der Persönlichkeit
9. Der Wohnbau als verantwortungsvollste Bauaufgabe unserer Zeit erfordert höchste künstlerische Qualität."[190]

In der Terrassenhaussiedlung waren bereits wesentliche Teile dieser Forderungen umgesetzt. Die starke Identifikation der Werkgruppe mit den oben genannten neun Punkten ist durch deren Erwähnung in der von der Werkgruppe erstellten Dokumentationsmappe der Terrassenhaussiedlung belegt.[191]

[187]   Vgl. Gross 1966, handschriftliche Aufzeichnungen von Eugen Gross.
[188]   Vgl. E-Mail von Eugen Gross an die Autorin vom 29.08.2015.
[189]   Vgl. E-Mail von Eugen Gross an die Autorin vom 15.09.2015.
[190]   Vgl. Österreichische Gesellschaft für Architektur in Wien 1966.
[191]   Vgl. Gross u. a. 1979, 2.

Die Terrassenhaussiedlung hatte sich als Pionierprojekt in einer Zeit des gesellschaftlichen Umbruchs große Ziele gesteckt. Diesen standen ebenfalls große Erwartungen gegenüber. Das Projekt sollte den geänderten Ansprüchen und Bedürfnissen einer neuen Generation von Wohnungssuchenden entsprechen. Die Terrassenhaussiedlung in Graz-St. Peter ist zweifellos ein Beispiel hierfür.[192] In ihrer Monografie über die Werkgruppe Graz resümieren die Autorinnen Eva Guttmann und Gabriele Kaiser zur Terrassenhaussiedlung: „Als gebaute Realität ist sie ein Musterbeispiel für ein erfolgreiches, zukunftsfähiges Experiment von unschätzbarem Wert für jede Wohnbauforschung. Experimente sind ein wesentlicher Baustein für jede Weiterentwicklung von Architektur. In Österreich vermissen wir sie heute schmerzlich."[193]

Charakteristisch für das Gesamtbild der Anlage sind die Staffelungen und Verschachtelungen der verschiedenen Gebäudeteile. Dieser Eindruck steht diametral zu den zeitgleich errichteten Wohnbauten in der Steiermark. Die Akzeptanz in der Stadt ist geteilt. Die öffentliche Diskussion um die Terrassenhaussiedlung ist seit jeher kontrovers und widersprüchlich. „Die Befürworter sprechen von spannender Gliederung, Formenreichtum, neuer Urbanität und vielen Wohnungstypen, die Gegner reden von ‚grauen Burgen', ‚Betonklötzen' und ‚wuchtigen Schlachtschiffen'", so Max Mayr am 12. Juni 1977 in der Grazer *Kleinen Zeitung*. Die Terrassenhaussiedlung ist heute nicht mehr in den Medien, jedem Grazer ist sie jedoch bekannt. Die subjektiven Meinungen zu dem Komplex sind nach wie vor sehr differenziert. Die fachlich-kritische Auseinandersetzung mit der Siedlung ruft Erstaunen und Respekt hervor. Die Reduktion der Anlage auf das äußere Erscheinungsbild stößt in der Bevölkerung nach wie vor oft auf Ablehnung.[194]

Kritik an der Siedlung kommt von den Planern selbst an der Konstruktion, einzelnen Wohnungstypen, der Kommunikationsebene und an der Projektorganisation. So würden sie für zukünftige Bauten ein flexibleres System anstatt der Scheibenbauweise, z. B. die Skelettbauweise, wählen.[195] Des Weiteren wäre es notwendig, die örtliche Situation im Zusammenhang mit dem Wohnbedarf stärker zu berücksichtigen. Der Trend zu den Großwohnungen hat sich nicht bestätigt.[196] Im Verlauf der Jahre war zu beobachten, dass speziell in den Großwohnungen immer mehr Ordinationen einzogen und

[192]   Vgl. Koch 1981, 1.
[193]   Guttmann/Kaiser 2013, 42.
[194]   Gespräche der Autorin mit Anwohnerinnen und Anwohnern sowie
         Grazerinnen und Grazern im Verlauf der Forschungsarbeit.
[195]   Vgl. Koch 1981, 28.
[196]   Vgl. Koch 1979, 3.

sich ausgeweitet haben.[197] Als Conclusio sieht die Werkgruppe Graz, dass die Planung viel mehr auf den tatsächlichen Bedarf an Wohnungstypen ausgerichtet sein sollte.[198] Die Themen der Partizipation und Individualisierung in der Planung wurden beispielhaft umgesetzt.[199] Die Architekten waren davon überzeugt, dass das Thema der Mitbestimmung in Zukunft eine große Rolle spielen würde, da durch das steigende differenzierte Angebot der Berücksichtigung der individuellen Wünsche immer mehr Bedeutung zukomme.[200] Hinsichtlich des Planungsaufwands räumten sie jedoch auch ein, dass ein Ausmaß erreicht wurde, welches ein zweites Mal in dieser Größenordnung nicht vertretbar gewesen wäre. Die Grundrissbestimmung sei zu spät abgeschlossen worden. Eine Anlage mit 40 bis 50 Wohnungen stellte für die Architekten die obere Grenze für Partizipation dar.[201] Folgeprojekte gab es daher in diesem Umfang seitens der Werkgruppe Graz keine. Weiterführende Siedlungen hat sie in kleinerem Maßstab z. B. in Leoben-Göss realisiert.[202] Der gegenüber herkömmlichen Wohnbauten erhöhte Planungsaufwand durch die Partizipation wurde von den Architekten ohne zusätzliche Honorarforderungen getragen.

Die Werkgruppe stellte jedoch fest, dass das Hauptziel, den Wohnungsbenutzern ein kommunikationsfreundliches Gebäude zu schaffen, voll erreicht werden konnte.[203] Die Kommunikationsbereitschaft der Nachbarn auf den angebotenen Flächen sei jedoch gering und die Kommunikationsebene im vierten Geschoss sei anfangs nur schwer angenommen worden.[204] Auch heute ist hier keine signifikante Nutzung durch die Bewohner erkennbar. Des Weiteren ist die heutige Nutzung des Zentrums schwach. Johann Theurl, Obmann des Interessensvereins, wünscht sich hier eine intensivere Nutzung durch die Bewohner, aber auch von den Grazern.[205] Theurl sieht die Kinder als größten Kommunikationsfaktor. Ungeplante Kontakte seien schwer möglich. „[…] der Grad der Öffentlichkeit ist eher gering und nahezu ausschließlich durch die Halböffentlichkeit der Bewohner und Besucher geprägt."[206] Als einen Grund sieht er hier die direkte Anbindung der Garage an die Lifte und die Wohnungen.[207] Die Gemeinschaftsflächen in den Kopfbauten der vier Baukörper mussten aufgrund von Vandalismus verschlossen werden.

[197]   Interview mit Eugen Gross, geführt von Andrea Jany, Graz, 21.11.2013.
[198]   Vgl. Koch 1979, 11.
[199]   Vgl. Guttmann/Kaiser 2013, 30.
[200]   Vgl. Koch 1979, 7 ff.
[201]   Vgl. ebd.
[202]   Vgl. ebd.
[203]   Vgl. ebd.
[204]   Vgl. ebd.
[205]   Interview mit Johann Theurl, geführt von Andrea Jany, Graz, 25.11.2014.
[206]   Beckmann 2015, 418.
[207]   Interview mit Johann Theurl, geführt von Andrea Jany, Graz, 25.11.2014.

Sie sind jedoch für alle Bewohner durch ein einheitliches Schließsystem zugänglich.[208]

Die Kostensteigerung während der Bauphase von ursprünglich 362 Million Schilling auf 696,3 Millionen Schilling stellte alle Beteiligten vor eine große Herausforderung.[209] Daher wurde im Jahr 1975 seitens der Bewohnerschaft die „Interessensgemeinschaft-Terrassenhaus" (IG) gegründet. Als Gründe für die Kostensteigerung werden die Forderung nach Veränderbarkeit der Wohnungen, das planerische Konzept in seiner Gesamtheit sowie die Auflagen aus den Forschungsbereichen des Zivilschutzes, der Bauphysik, der Haustechnik und der konstruktiven Implikationen genannt. Der größte Faktor war jedoch die österreichweite Umstellung auf die Mehrwertsteuer, die mit 83 Millionen Schilling zu Buche schlug.[210]

Die Siedlung ist heute über 40 Jahre alt. Das gegenwärtige Hauptthema der Terrassenhaussiedlung stellt eine Generalsanierung bzw. Modernisierung dar. Ursprünglich wurde der Komplex für ca. 2000 Menschen geplant. Heute leben ca. 1000 Menschen (Stand April 2017, Auskunft Statistik Graz) in der Siedlung.[211] Insgesamt gibt es ca. 800 Wohnungseigentümer der ca. 528 heutigen Wohnungen.[212] Die Verwaltung der Siedlung übernimmt die ehrenamtlich tätige Interessensgemeinschaft-Terrassenhaus. In den vergangenen Jahren konnten durch den bestehenden Reparaturfonds der Siedlung Erhaltungsmaßnahmen in dem Komplex durchgeführt werden. Eine Verbesserung bzw. Modernisierung der Anlage ist derzeit nicht möglich. Hierzu wäre eine einstimmige Zustimmung aller Eigentümer notwendig. Dieser Aufwand kann jedoch seitens der IG nicht bewältigt werden. Das Wohnungseigentumsgesetz stellt hier das größte Problem dar. Der Zustand der Wohnungen ist daher auf das Datum des Einzugs eingefroren. Im Laufe der Jahre kam es trotzdem zu verschiedenen Umbauten, jedoch sind diese bisher nicht dokumentiert.[213] Angesichts der Größe und Komplexität der Terrassenhaussiedlung ist eine Aufarbeitung dieser Problematik durch die Bewohner nicht möglich. Wünschenswert wäre hier ein erneuter Fokus seitens der Stadt und/oder der Wohnbauförderung Steiermark, um die Bewohner der Terrassenhaussiedlung in den anstehenden Themen der Zukunft zu unterstützen.

Die Architekten der Werkgruppe Graz hielten in ihrem Radiointerview aus dem Jahr 1980 fest: „[…] für uns ist der Bau eigentlich nicht abgeschlossen, wenn er fertiggestellt ist, sondern er ist immer eine offene

[208]   Vgl. ebd.
[209]   Vgl. Koch 1981, 8.
[210]   Vgl. ebd., 10.
[211]   Vgl. Sagl 2015, 175.
[212]   Interview mit Johann Theurl, geführt von Andrea Jany, Graz, 25.11.2014.
[213]   Vgl. ebd.

Struktur, die weitergeht, die erst realisiert wird dadurch, dass er gebraucht wird, dass er genutzt wird, dass in ihm Feste stattfinden, dass er einfach zu einer Form des Lebens wird. […] Möglichst wenig festzulegen, immer eine Struktur festzulegen, aber den Einzelnen gestatten, dann innerhalb dieser Struktur selbst lebendig zu sein, zu spielen und diese Struktur zu aktivieren. Wenn es sein muss, sie auch, die Struktur wieder abzubauen und vielleicht zu erweitern."[214]

[214]   Werkgruppe Graz 1980.

31

32

33

ESCHENSIEDLUNG DEUTSCHLANDSBERG

Adresse	Eschensiedlung 1–106,
	8530 Deutschlandsberg
Architekten	Eilfried Huth
Bauherr	Interessensgemeinschaft der Bewohner
Entwurf	1972
Ausführung	1972–1992
Bauetappen	6
Wohneinheiten	100
Wohnungstypen	Reihen-, Doppel- und Einfamilienhäuser
Wohnfläche	104–150 m²
Bewohner	ca. 350 (bei Einzug)
Grundstücksfläche	Gesamt: 40.000 m²
Grundstücksfläche	Einzeln: max. 300 m²
Zusatzeinrichtungen	Gemeinschaftsräume in der Bauhütte

34

35

Der Geist braucht Unabhängigkeit und ich träume von Unabhängigkeit, auch im Wohnen.

Eilfried Huth

Das Wohnmodell „Deutschlandsberg – die Eschensiedlung" (→**31**, →**32**, →**33**, →**34**, →**35**) ist neben der Terrassenhaussiedlung das zweite Projekt, welches dem *Modell Steiermark* den Weg bereitete. Die Siedlung beruht auf dem ersten Konzept zur Verdichtung von Einfamilienhäusern im ruralen Bereich in der Steiermark. Sie ist das Ergebnis des Versuchs, durch Partizipation der zukünftigen Siedlungsbewohner im Planungsprozess eine Erhöhung der Akzeptanz bei gleichzeitiger Verringerung des Flächenverbrauchs zu erreichen.

Die Stadt Deutschlandsberg, 50 km südwestlich von Graz gelegen und mit heute ca. 11.000 Einwohnern, wuchs in den 1960er und 70er Jahren durch Industrieansiedlung und den damit verbundenen Zuzug. Mit der einhergehenden Bearbeitung der Flächenwidmungspläne in den Jahren 1971–1973 kam es zu einem Stau der Widmungsansuchen für Einfamilienhäuser.[215] Es entstand der Bedarf eines adäquaten Siedlungskonzepts für den ruralen Raum, mithilfe dessen die große Nachfrage nach Einfamilienhäusern befriedigt und der Flächenverbrauch minimiert werden konnte. Planer und Landespolitik hatten das Ziel, „[…] vom üblichen Schema der zersiedelnden Einfamilienhaus-Verbauung wegzukommen"[216] und dabei den raumplanerischen Zweck der Flächenminimierung zu erfüllen.[217]

Dies stellte den Ausgangspunkt für die Planung der Eschensiedlung dar, welche zeigen sollte, „[…] daß mit demselben finanziellen Aufwand, wie ihn andere Bauträger auch zur Verfügung haben, bessere Wohnungen mit besserer Nutzung der unmittelbaren Umwelt gebaut

---

[215]   Vgl. Huth/Pollet 1976, 25.
[216]   Freisitzer/Koch/Uhl 1987, 173.
[217]   Vgl. Koch 1977, 11.

werden können."[218] Die Gemeinde Deutschlandsberg stellte für die Realisierung ein Grundstück von 40.000 m² zur Verfügung. Die Stadtgemeinde setzte der Planung zum Ziel, dass eine zeitgemäße Eigenheimsiedlung in verdichteter Form entstehen solle. Eine durchgehende, primäre Konstruktion solle für Einheitlichkeit sorgen, innerhalb derer die Vielfalt durch die Freiheit im Ausbau zutage treten solle. Das Wohnmodell solle sich somit in wesentlichen Zügen von dem damalig üblichen Wohn- und Siedlungsbau unterscheiden.[219] Der Auftrag zur Planung der Eschensiedlung erging an das Architektenteam Domenig/Huth.[220] Eine Zusammenarbeit der beiden Architekten war zu diesem Zeitpunkt jedoch nicht mehr gegeben, so dass Eilfried Huth alleine die Planung übernahm.[221] Huth sah die Schaffung von Wohnraum nicht als isolierte Bauaufgabe, die einseitig durch einen Auftraggeber gelöst wurde. Sein Ansatz ist ganzheitlich in Bezug auf die gesellschaftliche, finanzielle und bodenpolitische Situation der Steiermark in den 1960/70er Jahren zu verstehen. In einem Zeitschriftenaufsatz von 1982 spricht er über die Ablehnung der Normung: „Die Industrie zwingt uns, als Normfamilie in einer Normwohnung mit Normmöbeln zu leben. Diese rein ökonomische Forderung führt uns zu einem fremdbestimmten Leben."[222] Diesem versucht Eilfried Huth in seinen Projekten etwas entgegenzusetzen. Durch Partizipation der zukünftigen Bewohner ließ er Mitbestimmung im Planungsprozess zu. Er verstand sich eher als Moderator und Begleiter denn als Künstler und Formengeber, der seiner Kreativität Ausdruck verleihen will. Die Reduktion architektonischer Ansprüche war ein mutiger Schritt, den kein anderer in dieser Konsequenz umgesetzt hat. Allen zwölf von Eilfried Huth realisierten Wohnbauten liegt das Prinzip der Mitbestimmung der zukünftigen Bewohner zugrunde. Die Eschensiedlung war das erste realisierte Projekt, in dem er umfassende praktische Erfahrungen mit diesem Thema sammeln konnte. Peter Blundell Jones resümierte: „Die Eschensiedlung war eine Pionierleistung, nach der sich alle späteren Beteiligungsprojekte in Graz ausrichteten, darunter auch die wichtigen Projekte im Rahmen des Modells Steiermark."[223]

[218]   Huth/Pollet 1976, 3.
[219]   Vgl. ebd., 25 ff.
[220]   Vgl. ebd., 27.
[221]   Interview mit Eilfried Huth, geführt von Andrea Jany, Graz, 30.09.2014.
[222]   Huth/Zach 1996, 56.
[223]   Blundell Jones 1998, 34.

Der Architekt Eilfried Huth

*bei überprüfung der lebensbedürfnisse des einzelnen individuums
für sich, in der kleingruppe und zur allgemeinheit, ergibt sich die
notwendigkeit. daß dieses individuum für seine sensorielle und
biologische existenz die notwendigen räume und raumtrennungen
selbst wählen können muß, die dem jeweiligen stand des kulturellen
bewußtseins entsprechen und der freien entfaltung von individuellen
aktivitäten nachkommen können.*

Eilfried Huth

Eilfried Huth (→**36**) wurde 1930 auf Java, Indonesien, geboren. Seine
aus Österreich stammenden Eltern arbeiteten dort als Entwicklungs-
helfer. Huth resümiert: „Ich denke zurück an meine Zeit in Indonesien, wo durch die klimatischen Umstände der Raum zum Wohnen
einfach Schutzfunktion hatte, Schutz vor Monsunregen, vor der hei-
ßen Sonne, Schutz vor den Tieren – trotzdem dünnwandig und transparent und eher provisorisch, da die Inszenierung mit ihren Formen in
Zwischenzonen stattfand, die in den freien Naturraum übergingen."[224]
Im Alter von acht Jahren übersiedelte Huth mit seinen Eltern nach
Deutschlandsberg. Er maturierte in Graz und studierte von 1950 bis
1956 Architektur an der dortigen Technischen Hochschule. Huths
Grundverständnis für Architektur im Allgemeinen und für den Wohnbau im Speziellen beruht auf sozialen Vorstellungen, welche im Zuge
der Zeit verschwanden: „Die Neuzeit brachte uns einen Zeitabschnitt,
der die kollektive Übereinstimmung für unsere Umwelt verkümmern
ließ."[225] In seinen theoretischen Überlegungen für einen zukünftigen Wohnbau lehnte er die bestehenden Systeme der Baugenossenschaften stark ab und forderte einen humanen Wohnbau mit der
Aktivierung menschlicher Kreativität und gesellschaftlicher Eigendynamik.[226] Huth sagt selbst: „Eigene Entscheidungen treffen und
eigene Energien einbringen [...] erzeugt neue Formen und daher neue
Bilder. Es ist Ausdruck einer Vielfalt und individueller Abweichungen
innerhalb der Grenze der Methode. All das erzeugt einen sichtbaren,
fühlbaren und signifikanten Unterschied zur Monotonie des üblichen,
genormten Wohnblocks."[227]
Zwei Katalysatoren für die partizipative Arbeit von Eilfried Huth
waren der belgische Architekt Lucien Kroll und der Schweizer
Architekt Christian Hunziker. Kroll konnte bereits Anfang der 1960er
Jahre Erfahrungen mit dem partizipativen Bauen infolge des Stu-
dentenheims in Woluwe, Brüssel, sammeln. Hunziker arbeitete an
Konzepten zu partizipativen Wohnprojekten in Genf. Eilfried Huth

(36) Eilfried Huth (ca. 1960)

[224]   Noever/Schweeger 1982, zit. n. Huth/Zach 1996, 55.
[225]   Huth/Pollet 1976, 8.
[226]   Vgl. ebd., 7–14.
[227]   Zit. n. Blundell Jones 1998, 35.

hatte beide Architekten nach Graz gebracht, um in Lehrveranstaltungen und Vorträgen an der TH Graz ihre Erfahrungen zu teilen.[228]

Nach Jahren der Arbeit als Einzelbüro folgte ab 1963 die Zusammenarbeit mit Günther Domenig in Graz und München.[229] Gemeinsam bearbeiteten Domenig und Huth u. a. den Pavillon in der Schwimmhalle und das Restaurant Nord am Olympiagelände München, die Pädagogische Akademie in Graz-Eggenberg und das Pfarrzentrum Oberwart im Burgenland.[230] Zudem entwickelten sie gemeinsam erste partizipatorische Ansätze in drei Wohnbauprojekten. Das erste war das Projekt Zellflex in Zeltweg, im steirischen Murtal in den Jahren 1964/65. In der Stadt Zeltweg war ursprünglich ein Grundstück für acht Einfamilienhäuser reserviert. Auf Basis einer von beiden Architekten erarbeiteten Studie wurde richtungsweisend seitens der Gemeinde entschieden, dass auf dem gleichen Grundstück 40 Wohneinheiten bei einer Dichte von 0,7 in Form von wachsenden Reihenhäusern errichtet werden sollen.[231] Die Planungsphase beinhaltete den ersten Versuch einer Nutzermitbestimmung: Die Architekten entwarfen die Primärstruktur, wobei die späteren Bewohner anhand vorentwickelter Standardgrundrisse ihren eigenen Grundriss erarbeiten können sollten. Der Innenausbau sollte zudem durch Eigenleistung erbracht werden.[232] Der Auftraggeber, die Maschinenfabrik Zeltweg, brach das Projekt in der Phase der Grundrissplanung und Beratung ab. Anhand von vier Prinzipien wurde jedoch Grundlagenarbeit für die später realisierte Eschensiedlung geleistet:

1. „Erhöhung der Bebauungsdichte
2. Erstellung der Primärkonstruktion mithilfe standardisierter Fertigteile
3. Wohneinheiten von ca. 100 m²
4. Mitsprache und Planungsbeteiligung der Wohnungswerber und der Ausbau durch Eigenleistung"[233]

Das zweite Projekt war das Artiflex I in Oberwart von 1969. Das Prinzip entsprach dem der Wohnanlage Zellflex. Mit der Möglichkeit zur Mitgestaltung der Primärstruktur und verschiedenen Ausbauvolumina wuchs das Prinzip des Mitspracherechts der zukünftigen Bewohner jedoch weiter. Aus der Arbeit an diesen beiden Wohnprojekten identifizierten die Architekten drei Handlungsschwerpunkte für die Zukunft:

[228]   Vgl. ebd., 34.
[229]   Vgl. Huth/Zach 1996, Umschlag.
[230]   Vgl. ebd., 16 ff.
[231]   Vgl. ebd., 32.
[232]   Vgl. ebd.
[233]   Huth/Pollet 1976, 17.

1. umfassende Aufklärung und Information über das Wohnen
2. Simulationsmodelle zur Artikulation der Wohnwünsche ins Räumliche
3. Tagesablaufschemen der Familien zur Erfassung der Wohnwünsche.[234]

Darauf und auf bisherigen Erkenntnissen zur Partizipation basierend, entwickelte Eilfried Huth ein zweisemestriges Angebot in Form eines Volkshochschulkurses in Oberwart, der 1969–1970 stattfand. Im Jahr 1974 fanden außerdem von Huth initiierte Unterrichtsversuche zum ästhetischen Lernen u. a. an der Mädchen-Hauptschule Deutschlandsberg, am Musisch-Pädagogischen Gymnasium und in der Hauptschule Graz-Algersdorf statt. Später übernahmen auch andere Grazer Schulen diesen Versuch. Die Schulversuche sollten testen, inwieweit Wohnverhalten durch Anregungen erlernbar sei.[235] Eine Integration in den regulären Schulplan fand jedoch nicht statt.

Das dritte gemeinsame Projekt von Domenig/Huth war die Stadt Ragnitz (→**37**), eine Wohnutopie aus den Jahren 1965 bis 1969, die den Kulminationspunkt der bisherigen Projekte, Prinzipien und Handlungsschwerpunkte darstellt. Grundlage war eine Bebauungsstudie für das Ragnitztal im Nordosten der Stadt Graz, erstellt durch die Bürogemeinschaft Domenig/Huth im Auftrag der Gemeinnützigen Alpenländischen Gesellschaft für Wohnungsbau und Siedlungswesen (GWS). Die Studie ging weit über damalige Wohnbauvorstellungen hinaus, weshalb von einer Utopie gesprochen werden kann.[236] Basis des Entwurfes war ein dreidimensionales Gerüst. Dieses bestand aus

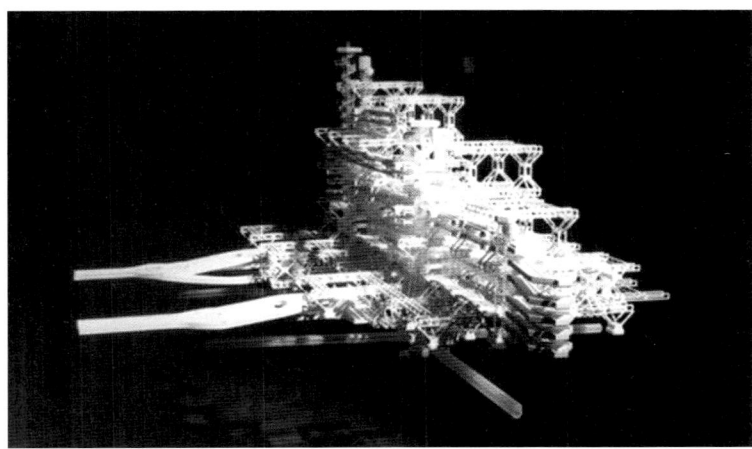

(37) Domenig/Huth, Stadt Ragnitz, Ausstellungsmodell (ca. 1968)

---

[234]   Vgl. ebd., 19 f.
[235]   Vgl. Koch 1977, 7.
[236]   Vgl. Huth/Zach 1996, 32; Domenig/Huth 1973, 18.

primärem und sekundärem Tragwerk, welches aus industriell vorfabrizierten Elementen erzeugt wurde. In einer weiteren Entwurfsebene wurden die Infrastruktur eingefügt und in Abhängigkeit von Nutzung und Größe verschiedene Wohnboxen implementiert.[237]

Die GWS entschied nach der Präsentation des Entwurfs, das Projekt abzulehnen und die Architekten aus dem Auftrag zu entlassen.[238] Eilfried Huth und Günther Domenig erarbeiteten sich damit jedoch einen nachhaltigen Ruf für außergewöhnliche Architektur.[239] Von ihrem Projekt tief überzeugt, zeigten sie es in verschiedenen Ausstellungen. 1967 kam es unter dem Titel „Propositionen" zur ersten öffentlichen Ausstellung der Stadt Ragnitz im Forum Stadtpark. Diese Ausstellung fand gemeinsam mit der Werkgruppe Graz statt. 1968 reichten Domenig und Huth das Projekt für den Grand Prix International d'Urbanisme et d'Architecture in Cannes ein. Anfang 1969 wurde ihnen seitens der Jury, u. a. mit Louis Kahn, Henri Lefébvre und Jean Prouvé unter den Juroren, von 800 eingereichten Projekten der Sieg zuerkannt.[240] Im Jahr 2001 wurde ein Nachbau des durch die Transporte zerstörten Originalmodells angefertigt, das sich heute in der Sammlung des Frac Centre in Orleans befindet.[241] Obwohl keines der drei Projekte – Zellflex, Artiflex und Stadt Ragnitz – über das Planungsstadium hinauskamen, waren sie für das weitere Schaffen von Eilfried Huth von entscheidender Bedeutung.

Der Entwurf

Kernstück der Eschensiedlung in Deutschlandsberg ist die Aufhebung der typischen Eigenheimparzellierung.[242] Darauf aufbauend wurde eine geschlossene Verbauung mit dem Charakter einer Reihenhaussiedlung erstellt. Formell sind je drei bis sechs Häuser zu einer Zeile bzw. einem Block gruppiert. Kellerabteile wurden aus Kostengründen und wegen des hohen Grundwasserstandes nur reduziert ausgeführt.[243] In den Jahren 1972 bis 1992 wurden sechs Bauabschnitte mit insgesamt 100 Wohneinheiten realisiert. Die Wohnnutzfläche der Häuser liegt zwischen 104 und 150 m² bei einer durchschnittlichen Bauplatzgröße von 320 m². Der Planungsbeginn der Eschensiedlung fällt für Eilfried Huth mit einem Großereignis in München zusammen. „Die Terror-Katastrophe während der Spiele in München 1972, ein Einschnitt in mein Bewusstsein. (...) Ich begann die Aufgabenstellungen

---

[237]   Vgl. Huth/Zach 1996, 34 ff.
[238]   Vgl. ebd., 34.
[239]   Interview mit Eilfried Huth, geführt von Andrea Jany, Graz, 30.09.2014.
[240]   Vgl. Huth/Zach 1996, 34.
[241]   Interview mit Eilfried Huth, geführt von Andrea Jany, Graz, 30.09.2014.
[242]   Vgl. Freisitzer/Koch/Uhl 1987, 173.
[243]   Vgl. Huth/Zach 1996, 57.

für die Umwelt und das Wohnen von Anfang an neu zu überdenken ... der 1. Schritt, das Denkmodell zur Eschensiedlung ...“[244], beschreibt Huth seine Ansätze und die Rückbesinnung auf einen Dialog mit den Menschen im Planungsprozess.

Das Konzept der Eschensiedlung beruht auf dem Mitspracherecht der zukünftigen Bewohner, da Huth sie als mündige und frei denkende Bürger ansah. Sie und die Öffentlichkeit wurden von Anfang an in den Planungsprozess eingebunden.[245] Hierzu wurden Lichtbildvorträge, Diskussionsabende und Beratungen abgehalten sowie eine Informationsschrift formuliert. Die Realisierung eigener ästhetischer Ansprüche des Architekten wurde hintangestellt. Dies jedoch nicht aus einem Unvermögen heraus, sondern zur Freiheit und Auslebung der Bedürfnisse und Wünsche der zukünftigen Bewohner. Eilfried Huth legte mehr Wert darauf, dass sich die Bewohner mit ihrem Zuhause identifizieren, „[…] als daß die Projekte zum Wallfahrtsort von Architekturtouristen werden“.[246]

Nach außen stechen die bunte, von den Bewohnern gewählte Farbgebung der Häuser sowie die variantenreichen Eingangsbereiche ins Auge.[247] Die Unterschiedlichkeit der Wohnobjekte lässt sich neben den Außenansichten auch im Inneren an den unterschiedlich ausformulierten Grundrissen erkennen. Huth selbst nennt dies die Varietät. Er definiert sie als Prinzip der Abweichung innerhalb der Art. Jedes Haus differenziert sich zu seinem Nachbarn, in Summe bilden aber alle eine Einheit.[248]

(38) Eilfried Huth, Eschensiedlung, Planungsprozess in Bildern (ca. 1972)

[244]   Ebd., 54.
[245]   Vgl. Huth/Pollet 1976, 29.
[246]   Huth/Zach 1996, 7.
[247]   Vgl. Freisitzer/Koch/Uhl 1987, 73.
[248]   Vgl. Huth/Pollet 1976, 3 und 91.

Im Vergleich zu vorhergehenden Projekten des Architekten erscheint die Anlage bodenständig. Wohnen im Allgemeinen verstand Huth als Grundbedürfnis der Menschen, welches sich aus dem Mindest-Materiellen und der menschlichen Kreativität zusammensetzt.[249] Die zukünftigen Bewohner sah er als Partner an. Der Prozess (→38) der Mitbestimmung war geprägt von einem Probieren und Testen[250] zur Identifikation der persönlichen Wohnwünsche unter Berücksichtigung der finanziellen, rechtlichen und baugruppenspezifischen Anforderungen. Zunächst gab es gruppendynamische Treffen im informellen Rahmen, gepaart mit Diavorträgen und Exkursionen. Im gemeinsamen Entwurfsprozess mit jedem Einzelnen analysierte das Planungsteam gemeinsam mit den zukünftigen Bewohnern die individuellen Wohnwünsche. Mit Simulationsmodellen und klassischen Skizzen arbeitete

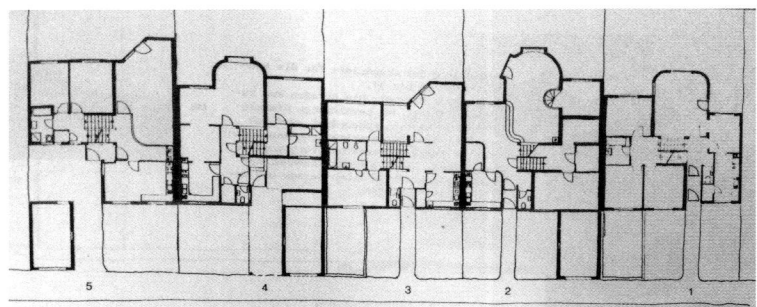

(39) Eilfried Huth, Eschensiedlung, Grundriss erster Bauabschnitt Haus 1–5, Erdgeschoss (ca. 1972)

man gemeinsam mit den Architekten am eigenen Grundriss.[251] Einzig vier Rahmenbedingungen waren im Entwurf für alle Häuser (→39) gleich: zwei Feuermauern als Abschluss zu den Nachbarn, eine zentrale Stiege, versetzte Geschosse und eine Wohnfläche von maximal 100 qm, in Ausnahmen maximal 150 qm.[252]
Die soziale Herkunft der Bewohner war weit gestreut und erstreckte sich von Hilfsarbeitern über Facharbeiter und Angestellte bis hin zu Lehrern und Werksleitern. Huth selbst sagt dazu: „Architektur ist das Ergebnis eines Prozesses, welcher seinen Ausdruck im unausgesprochenen sozialen Querschnitt findet."[253] Die unterschiedlichen Voraussetzungen über finanzielle Mittel wurden durch die Möglichkeit der hohen Eigenleistung in der Bauphase kompensiert. Der Eigenleistungsanteil betrug bis zu 15% der reinen Baukosten. In erster Linie wurden hier Isolierungs- und Innenausbauarbeiten am eigenen Haus und auch in Form von Nachbarschaftshilfe ausgeführt.[254] Der Prozess

[249]   Vgl. ebd., 34.
[250]   Vgl. Freisitzer/Koch/Uhl 1987, 174 f.
[251]   Vgl. ebd., 174.
[252]   Koch 1977, 6 f.
[253]   Interview mit Eilfried Huth, geführt von Andrea Jany, Graz, 03.03.2015.
[254]   Vgl. Huth/Pollet 1976, 124.

der Mitbestimmung etablierte sich zum gängigen Vorgehen nachfolgender Projekte Huths und des *Modell Steiermark*.

Die Projektentwicklung

Der aus Deutschlandsberg stammende steirische Landesrat für Finanzen Christoph Klauser (SPÖ) zeigte als Motor der Wohnbauinitiative großes Engagement in der Vorbereitung des Projektes. Bis Ende der 1960er Jahre war eine Förderung ausschließlich dem Bau von Einfamilienhäusern und dem Wohngeschossbau vorbehalten. Eine Förderung für den „verdichteten Flachbau" wurde daher mit Unterstützung durch Christoph Klauser, der 1970 in die Landesregierung eintrat, in der Landesverordnung zur Wohnbauförderung 68 neu eingeführt.[255] Dadurch konnten Hausgruppen von mindestens 10 Einheiten gleiche Förderungen wie für Wohnungen im Geschossbau erhalten.[256] Der Projektablauf bestand aus drei Stufen:

1. Die *Planung* erfolgte in Zusammenarbeit mit der Stadtgemeinde, den Architekten und den zukünftigen Bewohnern. Die Bewohnerschaft organisierte sich in einem Verein mit gewähltem Bauauschuss. Diesem oblag die Verwaltung der Gemeinschaftseinrichtungen und -aufgaben.
2. Die *Finanzierung* wurde durch Land und Bund abgewickelt und gesichert. Förderungsnehmer war die Interessentengemeinschaft der Siedlung, vertreten durch den Bauauschuss.[257] Für die Förderwürdigkeit der Wohnbauförderungsmittel des Landes Steiermark konnte auf einen Bauträger/eine Baugenossenschaft verzichtet werden.
3. In der *Realisierungsphase* kam neben der Leistung durch Baufachfirmen der Aspekt der Eigenleistung zum Tragen.[258] In Kooperation mit den Bewohnern wurde die gesamte Planung und Bauleitung abgewickelt. Zusätzlich arbeitete man zur Verbreitung des Konzepts an öffentlicher Präsenz (→**40**).

Ein Gesamtverein der Anlage konstituierte sich ab dem dritten Bauabschnitt. In diesem wurden Fragen der Gemeinschaftsflächen, im Speziellen die Nachnutzung der Bauhütte als Kommunikationszentrum diskutiert.[259]

---

[255]   Interview mit Eilfried Huth, geführt von Andrea Jany, Graz, 08.11.2013.
[256]   Vgl. Huth/Pollet 1976, IV (gelber Teil).
[257]   Vgl. ebd., 51.
[258]   Vgl. ebd., 124 ff.
[259]   Vgl. Huth/Zach 1996, 58.

Die begleitende Forschung

Die Eschensiedlung ist durch ein Forschungsprojekt der Wohnbauforschung des Bundesministeriums für Bauten und Technik wissenschaftlich begleitet worden. Ziel war es, „[…] die Wechselwirkung
zwischen Planung und Realisierung einschließlich der entwickelten
Hilfsmittel zu dokumentieren, um weiteren ähnlichen Bauvorhaben
dieser Art als Grundlage dienen zu können."[260] Das Buch *Beteiligung,*

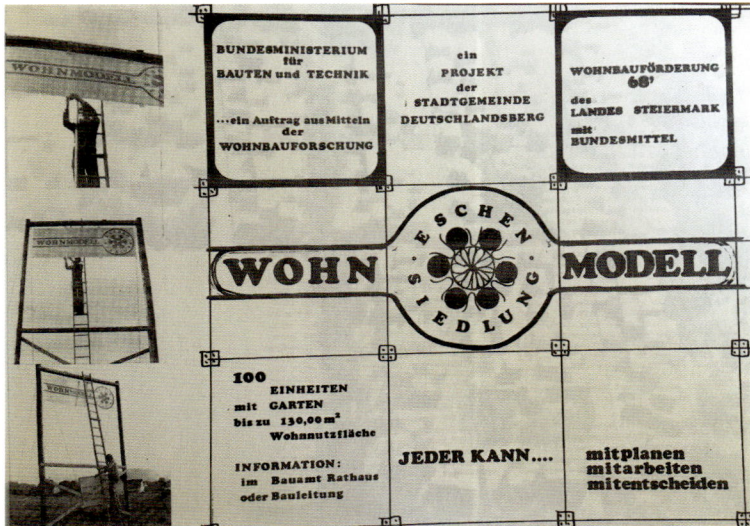

(40) Eilfried Huth, Eschensiedlung,
Bautafel

Mitbestimmung im Wohnbau ist ein Arbeitsbericht über die Eschensiedlung von 1972–1976 und wurde durch Eilfried Huth als planendem
Architekten und Doris Pollet als begleitender Soziologin der Siedlung
erstellt. Dort definierten die beiden Autoren einen Vier-Punkte-Prozess für zukünftige Wohnprojekte:

1. „Die kommunale Verwaltung bietet ein Wohnprojekt an
    und beauftragt ein Betreuungsteam für die Planung und
    Planungsbeteiligung.
2. Mindestens 10, besser 10 bis 15, höchstens 25 bis 30
    Wohnungswerber schließen sich zu einer Interessen-
    tengemeinschaft zusammen und wählen einen fünf- bis
    sechsköpfigen Bauausschuß.
3. Nach der Erledigung aller Planungen und den baubehörd-
    lichen Schritten übernimmt eine Verwaltungsgenossen-
    schaft das Projekt für die finanzielle und geschäftliche

[260]   Huth/Pollet 1976, 3.

Abwicklung durch einen Auftrag. Die Verwaltungsgenossenschaft tritt anstelle des bisherigen Wohnbauträgers. Der Obmann der Interessentengruppe gehört dabei dem Vorstand der Verwaltungsgenossenschaft an. Die Verwaltungsgenossenschaft unterliegt dadurch der Kontrolle durch die Wohnungswerber und ihren Organen (Bauausschuß, Vollversammlung usw.).

4. Die örtliche Bauleitung wird durch die Verwaltungsgenossenschaft organisiert. Dabei wird der Bauleiter

> a. von den Wohnungswerbern ausgewählt und beauftragt,
> b. vom Betreuungsteam gestellt oder
> c. aus dem qualifizierten Technikerstab der Verwaltungsgenossenschaft für das Projekt abgestellt."[261]

Dieser Vier-Punkte-Prozess ist in weiten Teilen vom *Modell Steiermark* übernommen worden.

Reflexion

Der innovative Ansatz der Partizipation rief ein großes internationales Medienecho hervor, welches sich in zahlreichen Interviews, Reportagen und Artikeln niederschlug. Unter anderem entstanden Beiträge in der Sendung *aspekte* des ZDF, im japanischen Fernsehen und dem *Club 2* im ORF.[262] Auf lokaler und nationaler Ebene trug das Projekt zu einer regen Diskussion in Fachkreisen bei.
Im erläuterten Arbeitsbericht zum Wohnmodell Deutschlandsberg kam Huth zum Schluss, dass Mitbestimmungsmodelle von örtlichen oder sozialen Voraussetzungen ungebunden seien. Unterschiedliche strukturelle Gegebenheiten bedingten lediglich variierte Planungsnotwendigkeiten.[263] Die Weiterführung des Planungsansatzes mit Beteiligung im *Modell Steiermark* beweist die Anwendbarkeit auf weitere Projekte. Dennoch zeigte Huth auch Verbesserungspotenzial in der Baustruktur und im Partizipationsprozess auf. Während des Projektes konnte durch die Aufteilung in sechs Bauphasen eine Veränderung der artikulierten Wohnwünsche innerhalb der zukünftigen Bewohner beobachtet werden. „Durch die Beispiele der 1. Bauetappe angeregt, trat bei der später durchgeführten Planungsbeteiligung eine sichtliche Befreiung von herkömmlichen Klischees der ortsüblichen Klein-Einfamilienhäuser ein."[264] Ein Beispiel hierfür sie die Reduktion von

---

[261]   Ebd., o. P. (gelber Teil).
[262]   Vgl. Huth/Zach 1996, 58.
[263]   Vgl. ebd.
[264]   Huth/Pollet 1976, 105.

Fertigbauteilen. Gut funktionierende Fertigteile stellen für Huth eine Art statistisches Mittelmaß dar, welches aber innerhalb der Varietät – individuelle Abweichung innerhalb kollektiver Festlegungen – meistens für keinen Fall wirklich akzeptabel sei.[265]

Mit einer zeitlichen Distanz von gut 40 Jahren sieht Huth weitere Aspekte der Verbesserung an seinem Konzept. Die durch die Halbunterkellerung entstandene Halbgeschossigkeit der Häuser würde Huth heute aus Gründen der Mobilität im Alter nicht mehr anwenden.[266] Das Thema der Partizipation zeigte für Eilfried Huth ebenfalls einen schwachen Punkt: die Informations- und Bildungsdefizite unter den Partnern des Beteiligungsprozesses. Diese sollten seiner Ansicht nach, langfristig gesehen, abgebaut werden.[267] Die von ihm angestrebte „Organisationsform mit horizontalen Strukturen zeigt ihre besondere Schwäche in der fehlenden Gleichgewichtigkeit von Bewusstsein, Bildung und Fachwissen".[268] Aus dieser Erkenntnis heraus entwickelte er die bereits erwähnten Schulversuche. Im Laufe der Siedlungsnutzung erfolgte der Rückbau der Bauhütte. Diese war während der Realisierung der Siedlung entstanden und wurde während jedes Bauabschnitts durch einen zusätzlichen Teil erweitert. In der Mitte der Siedlung war sie als Treffpunkt und Ort der Kommunikation mit Versammlungsraum, Jugendtreff, Kindergarten und Läden für den Alltagsbedarf geplant.[269] Nach Angaben Eilfried Huths ist aufgrund eines Beschlusses der Interessensgemeinschaft die Bauhütte ohne Rücksprache mit dem Architekten bzw. ohne Angabe von Gründen abgetragen worden.[270]

[265]   Vgl. ebd., 85.
[266]   Interview mit Eilfried Huth, geführt von Andrea Jany, Graz, 08.11.2013.
[267]   Vgl. Huth/Pollet 1976, 3.
[268]   Ebd.
[269]   Vgl. Huth/Zach 1996, 61.
[270]   Interview mit Eilfried Huth, geführt von Andrea Jany, Graz, 08.11.2013.

DAS *MODELL STEIERMARK* UND DER WOHNBAU

Wenn eine Hoffnung ausgesprochen werden soll, dann diese, dass der Wohnbau der Zukunft die modellhaften Ziele von Graz-St. Peter in verstärktem Maße auch unter Einbeziehung der Bewohner verwirklicht [...].

Eugen Gross

Die beiden Vorläuferprojekte, die Terrassenhaussiedlung in Graz–St. Peter und die Eschensiedlung in Deutschlandsberg, legten den Grundstein zu einem neuen experimentellen Wohnbau in der Steiermark. Ausgehend von diesen beiden Anlagen und den vielfältigen Veranstaltungen zum Thema Wohnbau verdichtete sich der Druck zur Umgestaltung des bestehenden Wohnsystems.

Im Jahr 1966 sahen 78% der Österreicher das Einfamilienhaus im Grünen als die ideale Wohnform an.[271] Wenngleich dieses Vorhaben nicht für jeden realisierbar war, unternahm man den Versuch, einem solchen Anspruch möglichst nahezukommen.[272] Die Aufgabenstellung seitens der Politik lautete daher, Wohnformen zu entwickeln, die diesen Zielvorstellungen begegneten, jedoch auch bodensparend und finanzierbar waren.[273] Dies stellte einen neuen Denkansatz dar, der kleinere Planungsdimensionen bei der Entwicklung von Wohnquartieren einforderte als bisher. Diese neuartigen Wohnquartiere sollten ein Mittelglied zwischen dem Eigenheim und dem sozialen Wohnbau bilden.[274]

Das *Modell Steiermark,* als Thinktank der steirischen ÖVP ab Anfang der 1970er Jahre initiiert, bestand aus einer mehrjährigen intensiven Zusammenarbeit von Wissenschaftlern, Fachleuten und Politikern, die im Dienste der Gemeinschaft gestaltend wirken wollten.[275] Es war ein politisches Programm, welches die Anliegen der gesamten Bevölkerung – parteigebunden oder nicht[276] – ins Zentrum rückte. Der Name *Modell Steiermark* stand nicht nur für die Wohnbaupolitik, sondern für einen gesellschaftlichen Diskurs, einen Standpunkt und für Aktivitäten einer politischen Plattform.[277]

[271]   Vgl. Huth/Pollet 1976, 63.
[272]   Vgl. Schaller 1987, 16.
[273]   Vgl. ebd.
[274]   Vgl. ebd.
[275]   Vgl. Prisching 1986, 5.
[276]   Vgl. ebd.
[277]   Vgl. Blundell Jones 1998, 51.

Die Entwicklung der Idee

Was heute ein kräftiger Baum ist, war einst eine kleine Pflanze. Es erfüllt mit Freude, zu wissen, daß wir diese gelegentlich am Weingarten begossen haben [...].

Hermann Schützenhöfer

Gespräche mit Zeitzeugen des *Modell Steiermark*, u. a. Eilfried Huth, Eugen Gross und Wolfdieter Dreibholz, und persönliche Notizen des Architekten Friedrich Groß-Rannsbach legen die Vermutung nahe, dass sein Weingartenhaus in St. Stefan ob Stainz der Geburtsort des politischen Programms *Modell Steiermark* ist. Franz Hasiba, seit 1966 Landesparteisekretär der Österreichischen Volkspartei, initiierte über Einladung von Friedrich Groß-Rannsbach diese Gespräche in loser Folge zwischen Architekten und politischen Entscheidungsträgern.[278] In den Jahren 1968–1973 wurde zeitlich parallel zur Entwicklung der Terrassenhaussiedlung, ein permanenter Dialog gesucht, um in den Gesprächen Zukunftsaussichten für das Land Steiermark zu umreißen.[279] Die Weingartentreffen schienen eine Art Plattform, auf der alles ausgesprochen, abgeworfen und infrage gestellt werden durfte. Neben den Architektenkollegen Eugen Gross, Heimo Widtmann, Eilfried Huth, Helmut Strobl und Günther Domenig und dem Werbegrafiker Karl Neubacher waren auch andere politisch interessierte und aktive Menschen geladen. Hierzu zählten der Politiker und spätere Grazer Bürgermeister sowie Landesrat Franz Hasiba, der spätere Direktor des Rechenzentrums und heutigen Joanneum Research Herbert Raimann, die spätere Stadträtin Ruth Feldgrill-Zankel und der spätere Landesschulrat und Professor für bürgerliches Recht Bernd Schilcher.[280] Diese Gespräche entsprachen der damaligen Öffnung der ÖVP gegenüber Nichtmitgliedern und der Partei fern Stehenden. Die Generation der Dreißigjährigen diskutierte über ihre Ideen und Hemmnisse, wodurch neue politische Konzepte erdacht wurden.[281] In den Tagebuchaufzeichnungen[282] des Weingartenhauses, geführt von Friedrich Groß-Rannsbach, finden sich vier Einträge zu diesen Treffen. Der erste Eintrag stammt vom 21. Januar 1970 unter dem Titel „Sitzung des volkswirtschaftlichen Beirats". Anwesend waren Hasiba, Zankl, Huth, Domenig, Gross, Widtmann und Groß-Rannsbach selbst.[283] Das zweite verzeichnete Treffen fand am 27. Mai 1970 im Beisein von Hasiba, Schilcher, Georg Herberstein,

[278]   Ebd., 34.
[279]   Werkgruppe 2009.
[280]   Hirschmann/Schützenhöfer 1992, 35; Werkgruppe 2009.
[281]   Hirschmann/Schützenhöfer 1992, 35.
[282]   Friedrich Groß-Rannsbach o. J.
[283]   Ebd.

Raimann, Zankl, Widtmann, Gross und Strobl statt.[284] Das dritte Treffen fand laut Aufzeichnungen erst vier Jahre später am 10. Januar 1974 statt. Hier zählten zu den Anwesenden Hasiba, Strobl, Zankl, Neubacher, Gudrun Schoeller, Heribert R., Gross, Schilcher und Kaufmann.[285] Der vierte und letzte Eintrag stammt vom 12. Oktober 1986. Hier waren Hasiba, Strobl, Schilcher, Reimann, das Ehepaar Feldgrill-Zankl und Gross anwesend.[286] Aufgrund der unterschiedlichen Jahresangaben ist zu vermuten, dass noch weitere Treffen dieser oder ähnlicher Art im Weingartenhaus, aber auch in Graz stattfanden. Groß-Rannsbach meint hierzu: „[…] ich erinnere mich, daß unsere wenn auch seltener gewordenen Treffen vor allem der gegenseitigen Aufmunterung dienten und uns jenes Rüstzeug verschafften, um argumentativ tätig zu werden."[287] In den unterschiedlich besetzten Gesprächsrunden wurden die Grundlinien eines Entwicklungsmodells für die Steiermark erarbeitet, die schließlich in die Studie *Steiermark – Chancen, Grenzen, Möglichkeiten* und in weiterer Folge in das politische Programm der ÖVP – *Modell Steiermark* mündeten.[288]

Die Studie *Steiermark – Chancen, Grenzen, Möglichkeiten*

Die Steiermärkische Landesregierung beauftragte Eugen Gross und Friedrich Groß-Rannsbach im Jahr 1972 mit der Durchführung einer Studie unter dem Titel *Steiermark – Chancen, Grenzen, Möglichkeiten*. Die beiden Autoren erarbeiteten Thesen zur Entwicklung der Steiermark und schlugen Instrumente zu deren Realisierung vor. In ihren textlichen und planerischen Ausführungen widmeten sie sich allen Ebenen des Raumes und der Gesellschaft. Dadurch entfaltete sich ein ganzheitlicher Ansatz, der durch das Instrument der Regionalplanung zum Ziel der Strukturverbesserung innerhalb des Landes gelangen sollte. Erkenntnisse dieses Auftrags sind unmittelbar als Basisarbeit für das *Modell Steiermark* zu verstehen.[289]
Gross und Groß-Rannsbachs Arbeit stand inhaltlich unter der Ausarbeitung von drei Teilzielen: die optimale Ordnung der Landschaft, eine zielgerechte und konzentrierte Industrieentwicklung und der vielfältige Ausbau der Dienstleistungseinrichtungen.[290] Untermauert werden diese Teilziele durch die Ausarbeitung von vier Hauptthemen: Regionalisierung, überregionale Einflüsse, strukturelle Veränderung und die Erhaltung des ökologischen Gleichgewichts.

[284]   Ebd.
[285]   Ebd.
[286]   Ebd.
[287]   Gross/Groß-Rannsbach/Widtmann 1992, 38.
[288]   Vgl. Hirschmann/Schützenhöfer 1992, 37.
[289]   Vgl. Guttmann/Kaiser 2013, 306.
[290]   Vgl. Gross/Groß-Rannsbach 1972, 51.

Die *Regionalisierung* trennte einen Gesamtraum in mehrere Teilräume (Regionen) auf, welche untereinander und mit dem Gesamtraum in einer Wechselbeziehung stehen.[291] Neben dem Vorschlag einer Gliederung der Steiermark in fünf Regionen mit einem aktiven und optimal organisierten Kernraum[292] wird in Zusammenhang mit der Weiterentwicklung dieser Gebiete erstmals die Bevölkerung mitgedacht. Die Beteiligung der Bevölkerung an ihrer eigenen Entwicklung wird als demokratisches Ziel definiert, wodurch der Bedarf an einer neuen Form der Vermittlung und Verständigung entstand.[293] Das Thema des Mitspracherechts in der Steiermark wurde hier erstmals vorgeschlagen und in weiterer Folge in Form des *Modell Steiermark* realisiert.

Die *überregionalen Einflüsse* der Steiermark betrachteten die beiden Autoren im Bereich der Politik, Wirtschaft, Infrastruktur, Landschaft und Kultur. Ein besonderes Augenmerk lag auf der Ausweitung der österreichischen Zentralräume. In diesen Zentralräumen lebten bereits 54% der österreichischen Gesamtbevölkerung. Hervorgestrichen wurde, dass die Umlandgebiete rund um Kernstädte zwei- bis dreimal so stark wuchsen. Zudem erörterten Groß und Groß-Rannsbach die geringe Besiedlungsdichte dieser Umlandgebiete und die damit steigenden Verkehrsströme sowie die Desintegration der Bevölkerung auf kritische Weise.[294] Die großflächige Erhaltung der Natur, der Aufbau touristischer Zentren und die kulturelle Weiterentwicklung zeigte diese Studie jeweils in Kooperation mit den benachbarten Ländern und Staaten auf.[295]

Im Themengebiet der *strukturellen Veränderung* diskutierte die Studie die Verlagerung der Bevölkerung in Richtung der urbanen Räume und thematisierte das Phänomen der Urbanisierung. Der Zuzug in die Ballungsgebiete sei über das Attraktivitätsgefälle zwischen Land und Stadt entstanden. Ideen für Gegenmaßnahmen wurden beispielsweise vom Programm des Schweizer Bundestages abgeleitet, der kurz zuvor ein Programm zur gezielten Förderung der großräumigen Integration von Landschaft und Stadträumen verabschiedet hatte.[296] Zum Schutz der Landschaft durch die stetige Ausweitung der urbanen Räume und zum Erhalt charakteristischer Orte und Naturzonen schlugen die Autoren Bauverbote als Werkzeug vor. Zusätzlich empfahlen sie die Erhöhung der Wohnqualität zur Steigerung der Attraktivität der ruralen Gebiete.[297] Darüber hinaus besprachen Gross und Groß-Rannsbach ausführlich die Wechselbeziehung zwischen Wohnbau und Raumordnung. Der überwiegende Teil des Wohnbauvolumens war zu dieser

[291]   Vgl. ebd., 6.
[292]   Vgl. ebd., 28.
[293]   Vgl. ebd., 7.
[294]   Vgl. ebd., 12.
[295]   Vgl. ebd., 18.
[296]   Vgl. ebd., 24.
[297]   Vgl. ebd., 23.

Zeit mit Mitteln aus öffentlichen Förderungen, in Form von Darlehen und Zinszuschüssen, realisiert worden.[298] Im Sinne einer Strukturverbesserung bestand dadurch die Möglichkeit, die öffentlichen Gelder einem übergeordneten raumordnungspolitischen Programm zu unterwerfen. Zur Erreichung dieses Ziels schlug die Autorenschaft erstmals die Ausarbeitung von Flächennutzungs- und Regionalplänen für die Steiermark vor.[299]

Die vierte These bezog sich auf die *Erhaltung des ökologischen Gleichgewichtes*. Der Verlust des Gleichgewichtes sei geprägt durch den technologischen Fortschritt und die allgemeinen Lebensbedingungen. Die Autoren zielten darauf ab, das Gleichgewicht zwischen Verbrauch und Regeneration aller Lebensvorgänge wiederherzustellen. Eine dafür unvermeidbare Maßnahme stellte für sie – im globalen Interesse – eine empfindliche Verringerung des Lebensstandards dar. Bei Nichtbeachtung dieser Forderung würde ihrer Ansicht nach die Schere zwischen industrialisierten und unterentwickelten Nationen langfristig fortbestehen. Bezogen auf die Steiermark sahen sie vorrangig das Ziel in der Erhaltung und dem Ausbau der Region als europäischem Schutz- und Erholungsraum. Die Teilhabe des ländlichen Raumes an der vorgeschlagenen Strukturverbesserung wurde klar hervorgestrichen.[300] Den Überlegungen von Gross und Groß-Rannsbach lag die Berechnung mathematischer Modelle der Wohlstandsmaximierung zur Findung des Nutzungsoptimums zugrunde. In der Studie wurden sieben Kriterien der Wohlstandsfunktion definiert: Maximierung des Wertes der Wohnstrukturen, Maximierung des Wertes von Arbeitsstrukturen, Minimierung der Entwicklungs-, Bau- und Unterhaltskosten für Wohn- und Arbeitsstrukturen, Maximierung des Versorgungsstandards mit wohnorientierten Dienstleistungen, Minimierung der Kosten für das Verkehrssystem und Minimierung der Fahrzeiten sowie Minimierung des Planungsrisikos.[301] Das von den Autoren vorgeschlagene Instrument zur Realisierung dieser Forderungen war die Regionalplanung. Eine optimale Funktions- und Arbeitsteilung zur Eignungsbeurteilung jeder Örtlichkeit sollte einen überkommunalen Lasten- und Nutzenausgleich herstellen. Die entstandenen Modelle dienten der Findung des Nutzungsoptimums der Wohlstandsmaximierung und wurden als politische Entscheidungshilfen angesehen.[302]

Parallel zur Entwicklung dieser Studie veröffentlichte Eugen Gross einen Aufsatz unter dem Titel *Unaufschiebbare Urbanisierung – oder Bäume, die in den Himmel wachsen?*[303] Hierin behandelte er das

---

[298]   Vgl. ebd., 34.
[299]   Vgl. ebd., 35.
[300]   Vgl. ebd., 36.
[301]   Vgl. ebd., 47.
[302]   Vgl. ebd., 47.
[303]   Vgl. Gross 1972, 75.

Thema der Urbanisierung und der daraus erwachsenden Folgen für die Menschen. Gross schreibt von der einsetzenden anonymen Versorgung, Erholung und Planung für die Bürger. Die Ausweitung der Stadt in das ländliche Gebiet lasse den lebensnotwendigen Kreislauf von Produktion und Regeneration zusammenbrechen. Es drohe eine künstliche Welt. Die urbane Ausbreitung ziehe die Standardisierung des Menschen in seinem Verhalten nach sich. Gross' Kritik bezieht sich auf den Mangel an geeigneten Konzepten und Instrumenten, um die Probleme wirksam lösen zu können.[304] Das Thema der Urbanisierung könne seiner Auffassung nach durch die separate statt holistische Bearbeitung der Themen Stadt, Land, Wachstum, Verkehrsaufkommen und Industrialisierung nicht erfasst werden.[305] Abschließend erarbeitet Gross eine Lösung in Form einer skizzenhaften Beschreibung eines gesellschaftlichen Programms in Anlehnung an die kybernetische Vorstellung des Architekten Eckhard Schulze-Fielitz.[306] Dieser hat von einer Kreisschaltung gesprochen: Jedes Ereignis verändert seine Umwelt und damit wieder sich selbst. Gross skizzierte sein Programm in sechs Einzelbereichen:

1. Die Welt ist ein Ganzes. Die Veränderung in einem Teil beeinflusst alle anderen Teile.
2. Chance bedeutet Bewusstsein, sie zu nutzen. Wachstum ist nur möglich, wenn es in allen Teilen von seinem gesellschaftlichen Nutzen kontrolliert wird. Als Instrument dient die Raumordnung.
3. Die Infrastruktur ist die prioritäre Möglichkeit des Eingreifens der Planung.
4. Es muss experimentiert werden. Auf der Basis einer objektivierten Versuchsanordnung sind die Experimente außerhalb der Norm zu gestatten und zu fördern. Sie dienen der Bevölkerung in ihrer Gesamtheit, da sie die Anpassung an neue Lebensvoraussetzungen und die Veränderung der Wertvorstellung berücksichtigen.
5. Die fortwährende Beobachtung der gesellschaftlichen und räumlichen Veränderungen und die freie Zugänglichkeit der dokumentierten Ergebnisse ist notwendig.
6. Ziel der Urbanisierung ist nicht die Welt-Stadt. Ausgehend von der Belastbarkeit des Raumes und der Entfaltung der Gesellschaft müssen neue Formen zur Entfaltung dieser gefunden werden.[307]

[304]   Vgl. ebd., 78.
[305]   Vgl. ebd., 84.
[306]   Vgl. Schulze-Fielitz 1968.
[307]   Vgl. Gross 1972, 84.

Basierend auf diesen theoretischen Überlegungen und aufgrund der modellhaften Entwicklung der Terrassenhaussiedlung kamen das Thema und die Begrifflichkeit *Modell* immer stärker in Verwendung. Der Begriff Modell war Anfang der 1970er Jahre ein vielgebrauchtes Wort. In den Planungsdiskussionen dieser Zeit war von Entwicklungsmodellen die Rede, „in denen prognostizierte Entwicklungen auf verschiedenen Gebieten als Simulationsmodelle dargestellt wurden und durch ihre Visualisierung greifbar wurden".[308] Ebenso verstanden die Autoren Groß-Rannsbach und Gross ihren Ansatz. Politische Zielsetzungen gossen sie in konkrete, modellhafte Konzepte, um sie damit begreifbar zu machen.[309]

Folgeentwicklungen der Weingartengespräche

Als eines der ersten Resultate der Weingartengespräche entstand 1972 das *Institut für Umweltforschung* (IFU) als ein „Labor für kontrollierte Experimente".[310] Seinerzeit als eigenständiges Institut unter der Leitung des Soziologen Kurz Freisitzer gegründet, ist es heute in die Joanneum-Research-Forschungsgesellschaft als Fachgebiet „Life – Center for Climate, Energy and Society" eingegliedert. Das Institut führte eine Reihe selbst initiierter Forschungsprojekte durch, bei denen Konzepte und Modelle zu Themen der Regionalordnung ausgearbeitet wurden.[311] Der erste konkrete Auftrag vom Land Steiermark war die Verfassung einer Informationspublikation zum Thema *Raumordnung für den Menschen*. Die Autoren waren Heimo Widtmann und der Chef vom Dienst der *Kleinen Zeitung* sowie Gründer des Städteforums Graz Max Mayr in Zusammenarbeit mit Eugen Gross und Friedrich Groß-Rannsbach. Das Layout gestaltete der Pionier der Grazer Konzeptkunst und maßgebliche Grafiker des Steirischen Herbstes Karl Neubacher.[312] Des Weiteren sahen sich die Gäste des Weingartenhauses in ihren unterschiedlichen Anstellungen auch als „Wanderprediger der Raumordnung". Durch Fachexperten wurden zahlreiche Seminare in der Steiermark abgehalten, um das Thema der Raumordnung in den einzelnen Bezirken und Gemeinden zu kommunizieren.[313] Zusätzlich wurde an der Erstellung von Flächenwidmungsplänen in der Steiermark, an regionalen Entwicklungsprogrammen, an Konzepten für die Grazer Altstadt und dem Grazer Altstadterhaltungsgesetz

[308]   Gross/Groß-Rannsbach/Widtmann 1992, 38.
[309]   Vgl. ebd.
[310]   Vgl. ebd., 36.
[311]   Vgl. Publikationsliste Werkgruppe 2009 und WorldCat „Institut für Umweltforschung".
[312]   Vgl. Gross/Groß-Rannsbach/Widtmann 1992, 37.
[313]   Vgl. ebd., 38.

gearbeitet.[314] Die Veranstaltungen *Trigon*, der *Steirische Herbst* und die *Akademie Graz* sind Ergebnisse der Weingartengespräche, die das kulturelle Profil der Steiermark bis heute mitbestimmen.[315]

Der mündige Bürger im *Modell Steiermark*

[...] Wohnen ist der Anspruch auf Selbstverwirklichung für jeden einzelnen (sic!) und Teil der Kultur unserer Gesellschaft.

Dietrich Ecker, Eilfried Huth, Herfried Peyker

Vier Ereignisse erschütterten die Aufbruchsstimmung der 1970er Jahre mit ihrem unbekümmerten Fortschrittsglauben: die Publikation *Grenzen des Wachstums* des Club of Rome 1972, das Ende der bemannten Mondlandung 1972, die Ölkrise 1973 und die Weltwirtschaftsrezession 1974/75. Zusätzlich unterstützten die entwickelten Superstrukturen in Form von Großbürokratie, Großschule, Großkrankenhaus und großen Wohnsilos das Phänomen der Entfremdung.[316] Die 68er-Bewegung sah ihre großen Feindbilder in den industriellen sowie staatlichen Pyramiden. Sie verlangte Selbstverwirklichung statt blindem Gehorsam, Kreativität statt Pflichterfüllung und Flexibilität statt institutioneller Verkrustung. Sie sehnte sich nach herrschaftsfreien Räumen statt steilen Hierarchien.[317] Aus diesem Gedankengut heraus entwickelte sich als Kontrapunkt auch international die Idee der Mitsprache bzw. Partizipation des Bürgers in Entscheidungsprozessen. Resultierend aus dieser Strömung definierte die Mitbestimmung die dritte Grundsäule des *Modell Steiermark*, neben den beiden Säulen des Parlamentarismus und Föderalismus.[318] Sie wurde als ein aktives Einbringen der Bürgerinnen und Bürger begriffen: „Es [...] ermöglicht den Menschen ein politisches Recht auf Gestaltung ihres unmittelbaren Lebensbereiches."[319] Basierend auf diesem Grundsatz sind steirische Gesetzesentwürfe für ein Volksabstimmungsgesetz, ein Volksbegehrensgesetz und ein Gesetz über die Unterstützung von Bürgerinitiativen ausgearbeitet worden. Diese Gesetzesentwürfe sollten dem Bürger ein Mehr an Mitentscheidungsmöglichkeiten bieten.[320]

Bezogen auf den Wohnbau entstand dadurch eine Möglichkeit, zukünftige Bewohner im Wohnbau in den gesamten Prozess zu

[314] Vgl. ebd.
[315] Vgl. Gross/Groß-Rannsbach/Widtmann 1992, 39; Huth 2013.
[316] Vgl. Hirschmann 1981, 20.
[317] Vgl. Wagner 2016, 85 f.
[318] Kraner 1976, 12.
[319] Ebd.
[320] Vgl. ebd.

involieren. Der Wohnbau war keine singuläre Lösung, jedoch ist die Auswirkung des Mitspracherechts der Bewohner bis heute am stärksten sichtbar. In die Wohnbauförderungsrichtlinien wurden Bestimmungen aufgenommen, die die Gründung von Interessentengemeinschaften und Vereinen förderten bzw. sogar vorschrieben.[321] Es entstand eine neue Zielsetzung für den sozialen Wohnbau: „Wohnungen müssen Freiheitsräume werden – sie müssen zu Räumen werden, in welchen sich persönliches Lebensgefühl entfalten kann."[322] Das Konzept der Mitbestimmung war hierfür unverzichtbar.[323] In der Umsetzung der *Modell Steiermark*-Wohnbauvorhaben erhielten die zukünftigen Bewohner die Möglichkeit der Mitbestimmung, Beteiligung und Mitverantwortung. Dies beschränkte sich nicht nur auf die der ÖVP nahestehenden Bürgerinnen und Bürger, welche Wohnungseigentum begründeten, sondern auch auf zukünftige Mieterinnen und Mieter. In einer Zwischenbilanz von 1986 ist zu lesen: „[…] die Ergebnisse sprechen für die Richtigkeit des Weges, wenn es auch noch einiges zu lernen gibt: für die Wohnbauträger, die Architekten und für die Wohnungswerber."[324] Durch die Integration des Bewohners in den gesamten Planungs- und Bauprozess ergreift dieser Initiative und übernimmt Verantwortung im Wohnumfeld.[325] „[…] ein gesellschaftlicher Prozess kommt in Gang – Gemeinschaften entstehen."[326]

Die Organisation der zukünftigen Bewohner erfolgte verpflichtend in der Interessensgemeinschaft bzw. im Bauausschuss. Die Bauausschüsse waren die Schnittstelle und konnten in jeder Phase des Bauvorhabens mitreden. Es bestand ein Einsichtsrecht in sämtliche Belege und das Recht auf Mitsprache in Gestaltungsfragen. Die dadurch ausgeübte Kontrolle durch die künftigen Bewohner sah man als die billigste, aber auch die beste an.[327] Eilfried Huth stellte in einem Aufsatz klar, dass die Mitbestimmung nicht als Ersatzhandlung für baukünstlerisches Schaffen zu sehen sei, sondern durch diese Vermittlung ein Wertschätzungsverhältnis zwischen dem Bauherrn und dem Architekten entstehe. Aus seiner Erfahrung resultiere hieraus die Bereitschaft zum Risiko. Hierin sah er die Sicherung der Weiterentwicklung von Architektur – die Möglichkeit, dass Neues entstehen könne.[328]

Infolge der Bestrebungen des *Modell Steiermark* zugunsten der Mitbestimmung der zukünftigen Bewohner wurde der Verfügungsbereich der Wohnbaugenossenschaften eingeschränkt, sie wurden zu

[321] Vgl. Prisching 1986, 79.
[322] Szyszkowitz/Luser 1986, 4.
[323] Vgl. ebd.
[324] Prisching 1986, 79.
[325] Vgl. Szyszkowitz/Luser 1986, 4.
[326] Ebd., 5.
[327] Vgl. Schaller 1987, 16.
[328] Vgl. Huth 1986, 180.

Dienstleistungsbetrieben, „[…] eine Aufgabe, für die sie ursprünglich gegründet waren".[329] Das Mitspracherecht entfaltete somit die Möglichkeit, das Thema des Bauens und Nutzens der Wohnbauten zu einem grundlegenden Element demokratischer Ausdrucksform werden zu lassen. Zuvor war sozialer Wohnbau eine Angelegenheit, die in erster Linie zwischen den Entscheidungsträgern diskutiert und entkoppelt von den zukünftigen Bewohnern behandelt wurde. Durch den Partizipationsprozess konnte der übliche Nullpunkt im sozialen Wohnbau vermieden werden. Der Nullpunkt definiert den Tag, an dem Fremde durch den Einzug in idente Wohneinheiten, die für abstrakte ideale Menschen entworfen und in schematische Parzellen gebaut wurden, in ein nachbarschaftliches Verhältnis treten.[330] Während somit das konventionelle Wohnbausystem aus einem festen Gefüge von Politik, Bauträger und Verwaltung bestand, integrierte das *Modell Steiermark* den zuvor übervorteilten Bewohner und sah ihn als vollwertiges Mitglied im System an.[331] Die Wohnbauten zuvor waren meist interne Planungen der Baugenossenschaften bzw. wiederkehrende Planungen langfristig beauftragter Architekten. Durch das zusätzliche Heranziehen von externen Architekten und das Öffnen des Zugangs in Form von Wettbewerben entstand ein neues Spannungsfeld (→**41**) zwischen drei Hauptakteuren des sozialen Wohnbaus im *Modell Steiermark*.

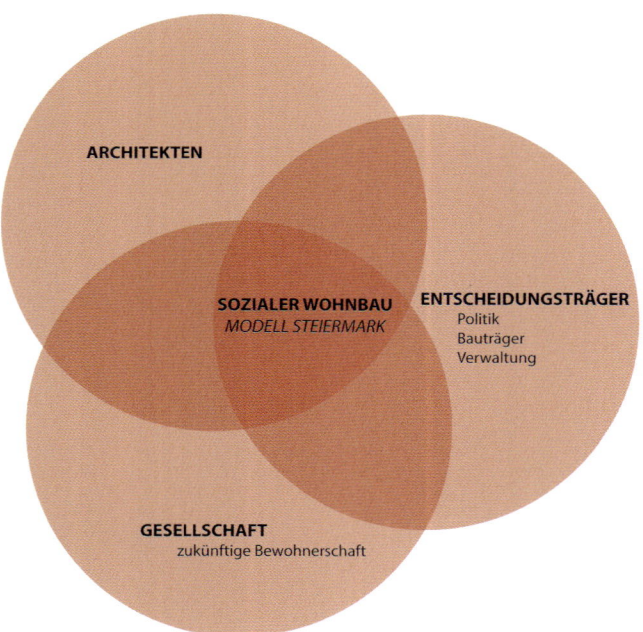

ARCHITEKTEN

SOZIALER WOHNBAU
MODELL STEIERMARK

ENTSCHEIDUNGSTRÄGER
Politik
Bauträger
Verwaltung

GESELLSCHAFT
zukünftige Bewohnerschaft

(41) Spannungsfeld: Sozialer
Wohnbau im *Modell Steiermark*

[329]   Dimitriou 1993, 24.
[330]   Vgl. Blundell Jones 1998, 35.
[331]   Vgl. Dreibholz 2010.

DAS *MODELL STEIERMARK* DER 1970ER JAHRE

Die Aufbruchsstimmung der 1970er Jahre fand im politischen Programm der steirischen ÖVP ihren Niederschlag. Der Diskurs der Architekten im Rahmen der Studie *Steiermark – Chancen, Grenzen, Möglichkeiten* und der Austausch mit den Teilnehmern der Weingartengespräche führten zur Übernahme dieses Programms in die Gesamtprogrammatik der steirischen Volkspartei. Das *Modell Steiermark* wurde so aus dem Selbstbewusstsein und der Zukunftshoffnung dieser Jahre geboren. Es startete als erstes landespolitisches Langzeitprogramm Österreichs.[332]

(42) Kraner, Gilbert: Modell Steiermark, Graz 1972, Cover

Am 02. Juli 1971 begann offiziell die Arbeit am *Modell Steiermark*. Die öffentliche Präsentation des Gesamtprogramms fand am 02. Oktober 1972 unter dem Titel „ÖVP; *Modell Steiermark*; Vorschläge, die Zukunft unseres Landes zu gestalten" statt.[333] In Hinblick auf die Arbeitsmethodik vermerkte die Landesparteileitung Steiermark in einem Beschluss explizit, dass ein umfassendes Zukunftskonzept in enger Zusammenarbeit von Experten und Vertretern der steirischen Landesregierung und des Landtages zu erstellen sei.[334] In der Ausarbeitungsphase wurde daher das Gesamtkonzept in 14 Arbeitskreisen mit insgesamt 164 Politikern und Experten erarbeitet.[335]

Unter dem Motto „*Modell Steiermark*. Wir denken weiter. Wir arbeiten für morgen. Wir planen die moderne Steiermark"[336] verfasste die steirische ÖVP zunächst eine Publikation (→**42**), welche als Diskussionsgrundlage diente. Das Ziel war „[…] die Entwicklung neuer Ideen, die das Leben der Steirer bei geistigen und materiellen Fortschritten bereichern".[337]

Das entscheidend Neue des *Modell Steiermark*-Konzeptes war die Betrachtung des Ganzen. Der Blick war auf die Zusammenhänge und weniger auf die Details gerichtet. Die Betonung lag auf den Mechanismen des Zusammenspiels und der Koordination.[338] Wesentlich an dem *Modell Steiermark* war außerdem die Offenheit und Flexibilität des Konzeptes. Es sei „[…] kein Zwangsplan, kein Patentrezept, […] es bietet eine Gesamtschau der Probleme unseres Landes mit Lösungsmöglichkeiten, es setzt Orientierungspunkte für das politische Handeln"[339] lässt sich im ersten *Modell Steiermark*-Bericht von 1976

---

[332]   Vgl. Pumpernig/Prisching/Steiner 1989, 3.
[333]   Vgl. Kraner 1976, 4.
[334]   Vgl. Kraner 1972, 26.
[335]   Vgl. ebd., 20.
[336]   Ebd., 22.
[337]   Ebd., 19.
[338]   Vgl. ebd., 25.
[339]   Kraner 1976, 4.

nachlesen. Das *Modell Steiermark* sei für die ÖVP eine tragende landespolitische Gesinnung und Philosophie, die konkrete politische Arbeits- und Handlungsweisen erforderte.[340] Ein wichtiger Grundsatz hierbei sei es, eine bessere Information und insbesondere mehr Mitbeteiligungsmöglichkeiten der Bürger herzustellen.[341]

Das *Modell Steiermark* war ein autonomes Programm und wurde zu einer Institution, welches starken Rückhalt durch den intensiven Austausch mit den politischen Vertretern, u. a. dem damals aufstrebenden Josef Krainer jun., erhielt.[342] Die 14 Arbeitskreise befassten sich inhaltlich mit: Kultur; Schule, Bildung und Erziehung; Wirtschaft; Gewerbe und Handel; Fremdenverkehr; Landwirtschaft und ländlicher Raum; sozialer Wandel und berufliche Mobilität; alte und sozial schwache Mitbürger; Verkehr; Gesundheit; Umwelt; Wohnbau; Gemeinde und Städte; Freizeit und Erholung sowie Sport und Jugend. „Neues Wohnen" nannte sich der Arbeitskreis zum Thema Wohnbau und brachte eine sehr intensive Zusammenarbeit und kontinuierliche Tätigkeit der Experten hervor. Das *Modell Steiermark* steht bis heute als Synonym für die realisierten Wohnbauprojekte dieser Zeit.[343]

Arbeitskreis Neues Wohnen

Das erste Treffen des Arbeitskreises Neues Wohnen führte Architekten, Experten und Beamte zusammen, die gemeinsam die Probleme und Schwachstellen des gegenwärtigen Wohnbaus aufzeigten und die Möglichkeiten zur Verbesserung diskutierten.[344] Darauf aufbauend und unter Einbeziehung der Erkenntnisse und Forderungen im Rahmen der Terrassenhaussiedlung Graz und der Eschensiedlung wurden im Rahmen des politischen Programms *Modell Steiermark* Ziele und Maßnahmen für den steirischen Wohnbau der 1970er formuliert.

Seit 1945, bedingt durch die Kriegszerstörungen und den starken Zuzug in die Städte, sei, so die Mitglieder des Arbeitskreises, eine Lücke zwischen Angebot und Nachfrage am Wohnungsmarkt entstanden. Diese quantitative Notlage habe zur Organisation des sozialen Wohnbaus in den Städten und Gemeinden durch die gemeinnützigen Wohnbaugenossenschaften und Gemeinden geführt. Aufgrund der Starrheit und Monotonie des sozialen Wohnbaus sei ein qualitativer Mangel entstanden.[345] Das Hauptproblem sah man in der gegenwärtigen Planung. Diese „[…] läßt den persönlichen Wünschen der

---

[340]   Vgl. ebd.
[341]   Vgl. ebd.
[342]   Vgl. Gross/Groß-Rannsbach/Widtmann 1992, 39.
[343]   Vgl. Dreibholz 2014.
[344]   Vgl. Steiner 1986, 179.
[345]   Vgl. Kraner 1972, 67.

Wohnungssuchenden keinerlei Raum und trägt sehr oft selbst Minimalforderungen nach sinnvollem und ästhetischem Wohnen keine Rechnung".[346] Ebenso sei ein Mangel an Gemeinschaftseinrichtungen wie z. B. Kinderspielplätze, Gemeinschaftsräume, Einkaufszentren und kulturellen Einrichtungen gegeben.[347] Die Preise im sozialen Wohnbau erschienen im Verhältnis zu diesen Mängeln als zu hoch.[348] Schlussfolgernd legte der Arbeitskreis sein Hauptaugenmerk auf die Bearbeitung von zwei Bereichen. Dies war zum einen die Qualitätserhöhung der Wohnungen im Bereich der Gesamtanlage unter der Absicht, eine gesunde Umwelt zu gestalten. Das Hauptziel stellte hierzu die Synthese zwischen Wohnung und Natur dar. Die Grundannahme beruhte darauf, dass die Qualität der Wohnung einen mitentscheidenden Faktor zur Zufriedenheit des Menschen mit sich und seiner Umwelt darstellte.[349] Zum anderen sollte die Baukostensteigerung angesichts eines Wohnungsbedarfs in der Steiermark von 60.000 Wohneinheiten reduziert werden. Eine Kostensenkung war daher von wissenschaftlicher, wirtschaftlicher und organisatorischer Seite herbeizuführen.[350] In Folge wurde ein erster Forderungskatalog mit neun Punkten durch den Arbeitskreis Neues Wohnen aufgestellt:

1. *„Rationelles Bauen*, zweckmäßige Bebauung und Erschließung in Bau- und Wohnungsgebieten, koordiniertes Planen und ökonomische Nutzung; wirtschaftliche Vorbereitungen und rationelle Bautechniken, geschlossenes Anwenden aller Maßnahmen

2. Die Verabschiedung von *Flächennutzungs- und Bebauungsplänen* durch die Gemeinden.

3. *Wohnbauforschung*; Die Errichtung eines steirischen Instituts für Wohnbauforschung. Die finanziellen Mittel sollen zur Erforschung des rationellen Bauens und neuer Bauweisen zur Verfügung stehen. Die Ergebnisse sind jederzeit und ohne Hemmnisse den Gemeinden, den Wohnbauvereinigungen und der interessierten Öffentlichkeit zugänglich zu machen.

4. *Variable Grundrisse*; Bei geförderten Eigentumswohnungen soll den Wohnungswerbern künftig mehr Mitsprache bei der Planung und Durchführung eingeräumt werden.

5. *Mindestqualitätskatalog*; Richtlinien für die Mindestgröße, bauliche Ausstattung, Lärm-, Wärme- und Schallschutz

6. *Reduktion der Formalitäten*

[346] Ebd., 68.
[347] Vgl. ebd.
[348] Vgl. ebd., 69.
[349] Vgl. ebd.
[350] Vgl. ebd., 70.

7. *Mobilisierung von privatem Kapital*
8. *Natürliche Altersstruktur* durch Mischung von Jungfamilien und älteren Generationen in neuen Siedlungen
9. *Typenvielfalt*; Der Vielseitigkeit der Wünsche im Wohnungsbau wird durch das Angebot von unterschiedlichen Typen entsprochen."[351]

Nach vierjähriger Arbeit an der Umsetzung des *Modell Steiermark* wurde im Jahr 1976 ein erster Bericht verfasst. Dieser dokumentierte im Bereich des Wohnbaus beispielsweise gesetzliche Grundlagen und Fördermöglichkeiten, die in dieser Zeit geschaffen worden waren. Leitprinzipien stellten die Förderung junger Familien, kinderreicher Familien, die Verbesserung des Althausbestandes und schöneres Wohnen für alte Menschen dar.[352] Hervorzuheben ist der Fokus auf die geordnete Siedlungsentwicklung aufgrund der Entwicklung von Flächenwidmungsplänen: „Sünden der Vergangenheit, in der Siedlungen ohne geeignete Infrastruktur und ohne ausreichende Gemeinschaftseinrichtungen gebaut wurden, dürfen nicht mehr wiederholt werden. Die Raumordnung schiebt der Zersiedelung und Verhüttelung einen Riegel vor."[353]
Die Einführung der Wohnbau-Kategorie „verdichteter Flachbau" als *Modell Steiermark*-Initiative trug diesem Anspruch Rechnung.[354] Bereits im Jahr 1970 hatte die Landesregierung Richtlinien für die Förderung von Reihenhäusern erlassen, jedoch ohne sichtbaren Erfolg. Dies änderte sich mit der Realisierung der Eschensiedlung, welche der Idee durch Folgeprojekte zum Durchbruch verhalf.[355] Durch die Forderung nach einer strengeren Raumordnung sollte der Landschaftszersiedelung Einhalt geboten werden und das Land Steiermark räumte in weiterer Folge großzügige Fördermittel für Formen der geschlossenen, verdichteten Einfamilienhaussiedlungen ein.[356] Diese Form des Wohnbaus stellte eine unter mehreren Möglichkeiten zur Erreichung einer befriedigenden Lösung der Wohnversorgung dar.[357] Wesentlich waren die erweiterte Mitgestaltung des Wohnbereiches und die Verwirklichung bedeutender Anliegen der Raumordnung.[358] Das verdichtete Bauen beruhte auf der Bedingung, dass mindestens zehn Bauherren ihre Eigenheime gemeinsam auf einer vorab definierten Fläche errichten, um dadurch eine landschaftsgerechte Siedlung zu erstellen. Ein Novum dabei war die Errichtung der Siedlungen

[351]   Ebd.
[352]   Vgl. Kraner 1976, 46.
[353]   Ebd., 48.
[354]   Ebd.
[355]   Vgl. Ecker/Huth/Peyker 1977, 3.
[356]   Vgl. Freisitzer/Koch/Uhl 1987, 185.
[357]   Vgl. Ecker/Huth/Peyker 1977, 2.
[358]   Vgl. ebd.

ohne die Zwischenschaltung eines gemeinnützigen Bauträgers.[359] Die Projekte erhielten ein Darlehen in Höhe von 60% der Bausumme mit einer Verzinsung von 1% auf eine Laufzeit von 50 Jahren.[360] Die sinnvolle Verwertung des vorhandenen Baulandes und die rationellere Bauweise mit der aktiven Mitgestaltungsmöglichkeit bei Planung und Bau sah man als Vorteile an.[361]

Am 1. Januar 1974 trat das steiermärkische Raumordnungsgesetz in Kraft. Dadurch war ein positives Gutachten seitens der Raumordnungsabteilung des Landes Steiermark erforderlich, um die Freigabe von Förderungsmitteln zu erhalten. In diesem Gutachten wurden Flächenwidmung, Bebauungsdichte und -grad, Gebäudehöhe, Abwasserbeseitigung, Energieversorgung und die Versorgung mit Einrichtungen des täglichen Bedarfs (Kindergarten, Schule, Arzt, Lebensmittelgeschäfte usw.) beurteilt.[362]

Folgeprojekte im sozialen Wohnbau

Bereits Anfang der 1970er Jahre entwickelten sich in der Steiermark parallel zu den beiden großen Vorläuferprojekten Terrassenhaus- und Eschensiedlung weitere Alternativprojekte. Ihr verbindender Antrieb und Geist war die Aufbruchsstimmung in dieser Zeit. Die Bürgerbeteiligung schlug sich in der intensiven Zusammenarbeit der zukünftigen Bewohner mit der Planung nieder. Neue Wege der Kooperation von Planern und Nutzern wurden experimentell gesucht. So bildeten sich z. B. Interessensgruppen, welche sich ihren Planer und das Grundstück suchten oder die Planung direkt selbst übernahmen. So sollte sowohl einer anonymen Städtebaustruktur wie auch der ländlichen Verhüttelung der Kampf angesagt werden.[363] Die Umsetzung der ersten Projekte und der neuen steirischen Landesförderung für das verdichtete Bauen erfolgte parallel. Der Erfolg und die Anerkennung einzelner Projekte führten zur Untermauerung und Beschleunigung der neuen Förderschiene.

Im Jahr 1977 gaben das Stadtplanungsamt Graz und der Landesverband der Steiermark der Zentralvereinigung der Architekten einen Katalog unter dem Titel *Alternativen im sozialen Wohnbau*[364] zur gleichnamigen Ausstellung heraus. Ziel war es, Unterstützung für eine starke Breitenwirkung in der Kommunikation der neuen Wohnbauformen „für weitere Fortschritte auf dem Wohnbausektor in der

[359]   Vgl. Freisitzer/Koch/Uhl 1987, 177.
[360]   Vgl. Kraner 1976, 54.
[361]   Vgl. ebd.
[362]   Vgl. Dreibholz 1986, 174.
[363]   Vgl. Freisitzer/Koch/Uhl 1987, 177.
[364]   Vgl. Ecker/Huth/Peyker 1977.

Steiermark"[365] zu schaffen. Insgesamt wurden in diesem Katalog elf partizipative Wohnbauprojekte, davon acht aus der Steiermark und drei weitere aus dem österreichischen Bundesgebiet, ausgewählt. Eine weitere, umfangreichere Publikation mit Fokus auf die Partizipation stammt aus dem Jahr 1988 unter dem Titel *Mitbestimmung im Wohnbau*. Vom Anfang der 1970er Jahre bis 1988 sind hierin insgesamt 140 Projekte österreichweit dokumentiert.[366] Die Steiermark sticht dabei mit 47 Projekten bzw. einem Anteil von 34% (**→43**) heraus.

Aufgrund ihres für den Wohnbaugeist dieser Zeit exemplarischen Charakters werden an dieser Stelle fünf steirische Projekte herausgegriffen und skizzenhaft beschrieben. Zudem zählen sie zu den ersten realisierten Projekten mit Beteiligung der zukünftigen Bewohner. Im Vordergrund stehen speziell die neuen Konzeptansätze im Bereich der Initiierung und Umsetzung der Projekte. Die Erfahrungen dieser Projekte flossen bereits in die Gestaltung der Forderungen des *Modell Steiermark* ein.[367]

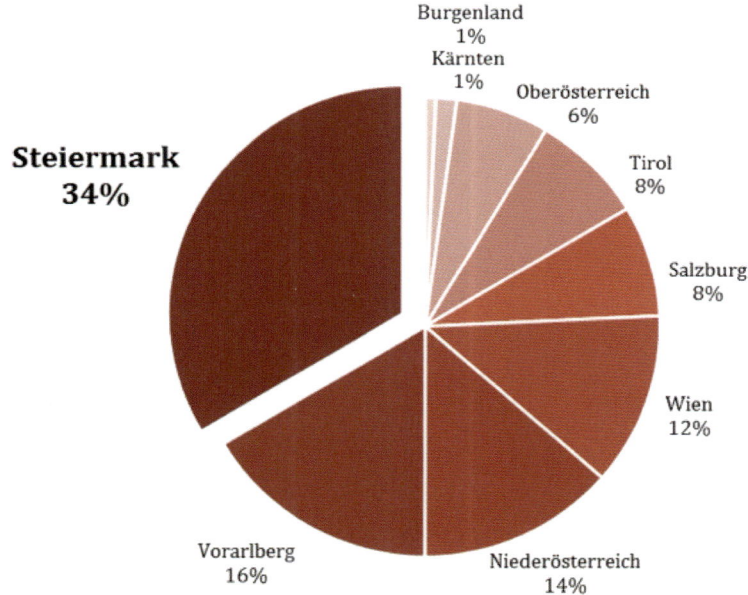

(43) Partizipative Wohnbauprojekte in Österreich zwischen 1964 und 1987

[365]   Ebd., 2.
[366]   Vgl. Freisitzer/Koch/Uhl 1987.
[367]   Vgl. Szyszkowitz 1979–1980, 2; 5. Sitzung.

Reihenhausgemeinschaft Mitterdorf im Mürztal, 1970–1975

Das erste dokumentierte steirische Projekt mit Mitspracheömöglichkeiten der Nutzer bei der Planung, jedoch aus Kostengründen ohne Architektenbeteiligung geplant, entstand 1970–1975 in Mitterdorf im Mürztal (**→44**). Die sogenannte Rote-Kreuz-Siedlung besteht aus 30 Reihenhäusern und ist als Selbsthilfeprojekt errichtet worden. Jeder Eigentümer leistete zwischen 1800 und 2000 Arbeitsstunden für die Gemeinschaft. Nach der Rohbaufertigstellung wurden die zukünftigen Besitzer der einzelnen Einheiten per Losentscheid gezogen. Das Konzept stieß auf hohe Anerkennung seitens in- und ausländischer Fachleute.[368]

(44) Rote-Kreuz-Siedlung Mitterndorf (1975)

Siedlung Mitterling, Bad Radkersburg, 1971–1983

Die Siedlung Mitterling in Bad Radkersburg (**→45**), die bereits im Jahr 1971 vom Grazer Architekten Klaus Kada entwickelt wurde, scheint das erste Mitbestimmungsprojekt der Steiermark unter Hinzunahme eines Architekten zu sein.[369] Mittels Broschüren, Plakaten und eines Vortrags warb man in der Stadt Bad Radkersburg anfangs für das Projekt. Bis zum Baubeginn 1977 hatten sich Interessenten zu einer losen Interessentengemeinschaft zusammengeschlossen. In zwei Bauetappen entstanden in der Siedlung Mitterling insgesamt 23 Reihenhäuser mit 100 bis 130 m² Wohnnutzflächen. Kada entwickelte

[368]   Vgl. Freisitzer/Koch/Uhl 1987, 168.
[369]   Telefonat mit Klaus Kada, geführt von Andrea Jany, Graz, 29.01.2019.

einen Stützen-Raster-Baukasten, welcher durch die Eigentümer frei gestaltbar war. Die Wahl zwischen einer Ein- und Zweigeschossigkeit erlaubte Flexibilität bei der Gestaltung des persönlichen Wohnraums. Die eventuell notwendige Platzierung der Stiege erfolgte zudem unter Berücksichtigung der persönlichen und finanziellen Möglichkeiten. Es

(45) Kada, Klaus, Siedlung Mitterling, Bad Radkersburg (1983)

entstand ein Projekt, welches „mehr Stellenwert auf Raumstrukturen als auf spektakuläre Außenansichten legte".[370]

Wohnhausanlage Göss-Steigtal, Leoben, 1973–1981

Parallel zur ersten Bauphase der Terrassenhaussiedlung entwickelte die Werkgruppe Graz in Leoben einen Geschosswohnbau mit insgesamt 108 Wohneinheiten als Mitbestimmungsmodell (→46). Das Projekt wurde in zwei Etappen mit Wohnungsgrößen zwischen 30 und 100 m² geplant. Dieser Umstand stellte sich speziell für die zweite Bauetappe als positiv dar, da die Interessenten „Eins-zu-eins-Modelle" des ersten Bauabschnitts analysieren konnten. Dadurch erhielten sie ein gutes Raumgefühl und konnten erleben, was innerhalb der vorgegebenen Grenzen möglich war. Die Mitbestimmung war in Lage, Größe und interner Raumaufteilung möglich. Größtmögliche Gestaltungsflexibilität erreichten die Planer durch ein Rastersystem und den inneren Ausbau mit Leichtbauwänden.[371]

[370]   Vgl. Freisitzer/Koch/Uhl 1987, 178.
[371]   Vgl. ebd., 180–183.

Klostersiedlung, Irdning, 1975–1978

Im Projekt Klostersiedlung entstanden 15 Häuser als Gemein-
schaftswerk (→47). Der Architekt, Vereinsobmann und Bewohner der
Siedlung Helmut Bartusek sah in der damals gerade entstehenden
Deutschlandsberger Eschensiedlung ein Vorbild. In einem dreijährigen
Planungsprozess wurden die gestalterischen Prinzipien in Form von
Ausrichtung, Größe, Dachform und Materialien definiert. In Gemein-
schaftsarbeit und Eigenleistung wurde danach fast die gesamte Infra-
struktur der Siedlung hergestellt.[372]

(47) Helmut Bartusek, Klostersiedlung, Irdning (1978)

[372]   Vgl. ebd., 184.

Insgesamt 24 Familien sind Bewohner dieses Projekts, welches als Demonstrativbauvorhaben seitens der Wohnbauforschung gefördert wurde **(→48)**.[373] Der Projektansatz ist „[…] eine Reaktion auf die heute weitverbreitete Kontaktarmut im Wohnbereich".[374] Der Linzer Architekt Fritz Matzinger entwickelte das Paletuviers-Konzept. Seine

(48) Fritz Matzinger, Les Paletuvier, Graz-Raaba (1979)

Inspiration sammelte er auf Afrikareisen, woher auch der Begriff in seiner wörtlichen Übersetzung, „Baum mit Luftwurzeln", stammt. Matzingers Konzept besteht aus drei Hausgruppen, welche um Atriumhöfe mit je acht Wohnungen zu 120 m² angeordnet sind. Zu den Gemeinschaftseinrichtungen zählen Schwimmbad, Sauna, Wintergärten und Werkstätten, die hauptsächlich eine kommunikative Funktion übernehmen sollen. Die Bewohner bildeten anfänglich eine Interessensgruppe und suchten den Baugrund sowie den Architekten selbst. In allen Phasen des Projektes planten die Bewohner mit.[375]

[373]   Vgl. Sterk/Besenböck/Wolm 1979, 3; Freisitzer/Koch/Uhl 1987, 212.
[374]   Sterk/Besenböck/Wolm 1979, 6.
[375]   Vgl. Freisitzer/Koch/Uhl 1987, 212.

10-Punkte-Programm des Arbeitskreises Neues Wohnen

Die Quintessenz des Arbeitskreises Neues Wohnen des *Modell Steiermark* wurde 1978 als interne Publikation (→**49**) unter der Leitung von Hermann Schaller und der Mitarbeit von Wolfdieter Dreibholz, Erich Egger, Walter Felber, Dietlinde Forster, Horst Gamerith, Dieter Govedic, Ernst Hausner, Helmut Hoffmann, Eilfried Huth, Richard Kanduth, Kurt Lucaweckis, Erich Nopp, Josef Pazderka, Friedrich Rauchlatner und Heinz Schille als 10-Punkte-Programm vorgestellt. Es zielte ab auf „[…] die Sicherung und Verbesserung der Wohnverhältnisse in der Steiermark als größtmöglichen Beitrag zur Sicherung und Verbesserung der psychisch-physischen und geistigen Lebensverhältnisse der Bevölkerung in der Steiermark".[376]

(49) Kohlbacher, Karl: *Modell Steiermark – Neues Wohnen*, Graz 1978, Cover

1. *Bewusstsein für das Wohnen entwickeln*
    Es bedarf eines Informations- und Bildungsprozesses, der in der Familie beginnt und über die Vorschulerziehung und Schulzeit bis zu Erwachsenenbildung führt. (Vgl. Schulversuche Eilfried Huth)
2. *Mehrbeteiligung und Mitbestimmung*
    Die Verwirklichung eigener Wohn- und Lebensvorstellungen durch die Mitgestaltung und Beteiligung im Wohnbau zu einem möglichst frühen Zeitpunkt, wünschenswert wäre dies bereits bei Grundstückserwerb.
3. *Vielfalt statt Uniformität*
    Die Förderung von Wohnbauvorhaben, die eine Verbindung der Qualität des Eigenheimes mit bodensparenden und gemeinschaftsbildenden Wohnformen ermöglicht (Verdichteter Flachbau, Wohnen im Grünen).
4. *Soziale Integration*
    Die Verbesserung der Durchmischung mit verschiedenen sozialen Schichten und Altersgruppen durch z. B. Mindestanteile von Wohnungen für ältere und behinderte Interessenten. Ebenso werden eine stärkere Mischung von Wohnformen und -typen, das Mitdenken von Wohnungserweiterungsmöglichkeiten sowie die Integration von Wohnen und Arbeiten angestrebt.
5. *Wohnung und Umwelt*
    Der Zusammenhang zwischen Wohnbau und Raumordnung und die Folgen im Umweltschutz, die Behebung der Probleme der Zersiedlung, hoher Bodenverbrauch, hohe Infrastruktur- und Folgekosten können durch die forcierte Erstellung von Flächenwidmungsplänen behoben

[376]   Kohlbacher 1978, 14.

werden. Die Ausweisung von Standorten, Schaffung von Wohnschutzzonen, Entwicklung von siedlungspolitischen Leitbildern, Durchführung von Demonstrativprojekten zur Dorf- und Kernerweiterung sowie Abstimmung der Wohnbauförderungspolitik mit den Zielen der Orts- und Regionalplanung wird gefordert.

6. *Bodenpolitik*
Die Beendigung des Anstiegs der Bodenpreise durch die Verknappung verbauungsfähigen Landes und spekulatives Zurückhalten durch gesetzliche Maßnahmen und aktive Bodenpolitik der Gemeinden wird angestrebt.

7. *Vorrang für Sanierungen*
Eine Umschichtung der Förderungsmittel zugunsten von Sanierungen zur Stärkung derselben in Konkurrenz zum Neubau wird verfolgt.

8. *Wohnbau- und Arbeitsplatzsicherung*
Die arbeitsintensive Althaussanierung trägt langfristig wesentlich zur Sicherung von Arbeitsplätzen in der Bauwirtschaft bei.

9. *Höhere Qualität – verbesserte Kontrolle*
Der konsequente Ausbau der Förderungsrichtlinien im Sinne von Qualitätsverbesserung und Anheben des Mindeststandards (Schall-, Wärmeschutz, Ausstattung), Planungskontrolle durch Beteiligung und Mitsprache der künftigen Wohnungseigentümer, Planung in Varianten sowie die stichprobenweise Kontrolle hinsichtlich der Rechtsmäßigkeit der Nutzung soll erfolgen.

10. *Sozialer Wohnbau – Förderung und Finanzierung*
Die Änderung des Wohnbauförderungsgesetzes 1968, eine Verkürzung der Darlehenslaufzeiten, die Modifikation des Annuitätenzuschusses in Richtung Subjektförderung und ein weiterer Ausbau und die Anhebung der Förderung sollen umgesetzt werden.[377]

Der Bericht enthält eine umfangreiche Bestandsaufnahme der genannten zehn Teilaspekte nach geistig-sachlichem, politisch-administrativem sowie wirtschaftlichem Bereich und stellt diese den angestrebten Zielvorstellungen in Form eines Ist- und Soll-Zustandes gegenüber.[378] Diese Schrift war zugleich der Abschlussbericht des Arbeitskreises Neues Wohnen des *Modell Steiermark*. Darauf aufbauend konstituierte sich im Jahr 1979 der zweite Arbeitskreis für das *Modell Steiermark* der 1980er Jahre.

[377]   Vgl. ebd., 6.
[378]   Vgl. ebd., 15.

DAS *MODELL STEIERMARK* DER 1980ER JAHRE

Aus den Ideen wächst die Wirklichkeit.

Gerhard Hirschmann

Während der Er- und Bearbeitung des *Modell Steiermark* kamen bis Anfang der 1980er Jahre 400 Experten und Fachleute in 21 Arbeitskreisen zusammen.[379] „In einem Klima der Liberalität und Offenheit" wurde mit Personen weitergearbeitet, „die den Menschen, seine Grundbedürfnisse und Lebenschancen zum Mittelpunkt hatten und nicht politische Systeme oder Institutionen".[380] Ab 1980 stellte die ÖVP mit Josef Krainer jun. (→22) den Landeshauptmann der Steiermark. Durch den Gewinn einer absoluten Mehrheit konnte die im Rahmen des ÖVP-Parteiprogramms entwickelte Wohnbaupolitik des *Modell Steiermark* umgesetzt werden.[381] Im Herbst 1981 wurde der Öffentlichkeit das *Modell Steiermark* der 80er Jahre präsentiert. Dieses neue Programm war eine Fortführung und Erweiterung des vorangegangenen. Es bot eine Analyse der gegenwärtigen veränderten Situation, mittel- und langfristige Zielvorstellungen und schließlich auch Maßnahmen zur Erreichung der Ziele, die fünf Hauptthemen zugeordnet waren:[382] „Unsere materiellen Lebensgrundlagen; Miteinander leben – Füreinander leben; Kultur und Bildung als Lebensinhalt; Lebendige Demokratie – Dienende Bürokratie; Geborgenheit in Wohnung und Umwelt".[383]

(50) Hermann Schaller (2015)

(51) Wolfdieter Dreibholz (2011)

Arbeitskreis 12 – Bauen und Wohnen

Über die Mitbestimmung zur Qualität.

Wolfdieter Dreibholz

Die Fortführung der Arbeitskreis-Aktivitäten zum Thema Wohnen im Rahmen des *Modell Steiermark* der 1980er Jahre startete am 10. Oktober 1979. An diesem Tag fand die erste Sitzung des neu konstituierten Arbeitskreises 12 – Bauen und Wohnen unter dem Vorsitz des Landtagsabgeordneten Hermann Schaller (→50) statt. Berichterstatter war Wolfdieter Dreibholz (→51).[384] Der in Wien promovierte

[379]   Vgl. ebd., 9.
[380]   Ebd.
[381]   Vgl. Blundell Jones 1998, 51.
[382]   Vgl. Pumpernig/Prisching/Steiner 1989, 8.
[383]   Hirschmann 1981, 10.
[384]   Vgl. Szyszkowitz 1979–1980, 1.

Architekt Dreibholz war 1968 als Assistent an das Institut für Kunst-geschichte der TH Graz unter der Leitung von Sokratis Dimitriou ge-kommen.[385] Nach Kontakten unter anderem mit der Werkguppe Graz und Max Mayr und hieraus resultierenden Architekturkritiken in der *Kleinen Zeitung* installierte Krainer jun. Dreibholz als neuen Leiter der Hochbauabteilung des Landes Steiermark.[386] In seiner Wirkungszeit avancierte Dreibholz zum strategischen Kopf des Wohnbaus innerhalb des *Modell Steiermark*.[387]

Die Arbeitsweise des Arbeitskreises wurde durch die Kerngruppe, be-stehend aus Hermann Schaller, Wolfdieter Dreibholz, dem Mitarbeiter im Büro des Landeshauptmannes Karl-Heinz Feil, dem Mitarbeiter in der Fachabteilung Ib Gunther Hasewend, dem Geschäftsführer des *Modell Steiermark* Gerhard Hirschmann, dem Mitarbeiter der Rechts-abteilung 14 Erich Nopp, dem Raumplaner Herbert Paierl, dem Mit-arbeiter des Steirischen Volksbildungswerkes Dieter Schoeller, dem Architekten Michael Szyszkowitz, dem Mitarbeiter der Rechtsabtei-lung 14 Friedrich Rauchlatner sowie dem Gemeindsratsmitglied Erich Edegger in 14-täglichen Treffen zu je zwei Stunden bestimmt. Zur Er-weiterung des Arbeitskreises und des Wissens erfolgten zu einzelnen Themen Einladungen an Fachleute.[388]

Inhaltlich baute dieser Arbeitskreis auf dem 10-Punkte-Programm von 1978 auf. Einer der Schwerpunkte des Arbeitskreises war es, kon-krete Realisierungs- und Umsetzungsmöglichkeiten für die Vorschläge und Maßnahmen aus dem 10-Punkte-Programm zu erarbeiten.[389] Zu-dem war eine der wichtigsten Zielsetzungen des *Modell Steiermark*, Vielfalt statt Monotonie und Uniformität im Wohnbau zu schaffen. „Die Zeit der schematischen und lieblosen Standardantworten auf die große Zahl verschiedenartiger Fragen ist vorbei – egal ob im Neubau oder im weiten Bereich der Sanierung."[390]

Eilfried Huth war ein frühes Mitglied im Arbeitskreis 12. Durch sei-ne umfangreiche Erfahrung mit dem Wohnmodell Eschensiedlung in Deutschlandsberg avancierte er zum Experten auf diesem Gebiet. Die Idee zur Partizipation im Wohnbau unter dem *Modell Steiermark* geht auf ihn zurück.[391] Huth war der Wortführer in der Mitbestimmungs-diskussion und verfocht diese bis zur Selbstaufgabe. Durch sein En-gagement avancierte der partizipative Wohnbau zum Hauptthema.[392] Nach acht Sitzungen und einer Exkursion des Arbeitskreises in die Niederlande lag im Sommer 1980 der Endbericht vor. Ein entschei-

[385]   Vgl. Institut für Architekturtheorie, Kunst- und Kulturwissenschaften
        2019.
[386]   Vgl. Dreibholz 2014.
[387]   Vgl. Zwangsleitner 2018, 88.
[388]   Vgl. ebd.
[389]   Vgl. ebd., 2.
[390]   Dreibholz 1988, 8.
[391]   Vgl. Dreibholz 2014.
[392]   Vgl. Blundell Jones 1998, 33.

dender und breit diskutierter Punkt war die Beteiligung im Wohnbau sowie die Kontrolle des gesamten Planungs- und Bauablaufs.[393]
Erste *Modell Steiermark*-Aktionen im Bereich des Wohnbaus waren die Erarbeitung neuer Richtlinien der Wohnbauförderung und die Initiierung zweier Wohnbauprojekte im sozialen Wohnbau mit der besonderen Aufgabenstellung einer umfassenden Beteiligung der künftigen Bewohner bereits ab Planungsbeginn.[394] Im Zuge der Veränderungen der Förderungsrichtlinien für den Wohnbau wurden Maßnahmen, die speziell das Prinzip der Mitbestimmung förderten, aufgenommen:

1. „Einforderung eines Nachweises zur Bildung einer Interessentengemeinschaft und der Bestellung eines Bauausschusses.
    Dies ist als erster Schritt auf dem Wege einer umfassenden Beteiligung der zukünftigen Bewohner im Ablauf ihres Wohnbauvorhabens anzusehen. Die Beteiligung bietet auch die besten Voraussetzungen für eine umfassende rechtliche, technische und finanzielle Kontrolle.
2. Aufhebung der Bedingung, dass Interessengemeinschaften nur mit einer gemeinnützigen Wohnbauvereinigung bauen dürfen
3. Steigerung der Partizipation zukünftiger Bewohner im Geschosswohnungsbau.
    Hierzu sollten die Erfahrungen der beiden ersten im Rahmen des *Modell Steiermark* laufenden Wohnbauvorhaben in Markt Hartmannsdorf und Graz-Lend in den Wohnbauförderungsrichtlinien ihren Niederschlag finden."[395]

Diese Maßnahmen stellen zugleich die erste namentliche Nennung der beiden ersten Wohnbauvorhaben dar, welche direkt durch das *Modell Steiermark* initiiert wurden. Die zukünftigen Zielvorstellungen des Arbeitskreises 12 – Bauen und Wohnen wurden wie folgt definiert: „Nicht mehr anonyme Wohnbauträger bestimmen, wo und wie gebaut werden soll, sondern die Menschen, die sich zusammenfinden und zu Wohngemeinschaften zusammenschließen. Die Beteiligung hat einen ungeahnten Umfang erreicht, das Bauen ist in seiner Durchführung zwar etwas komplizierter geworden, das Engagement der Menschen aber wesentlich größer. Der Wohnungswerber bestimmt, seine Rolle als Bittgänger gehört der Vergangenheit an. Die besten Architekten engagieren sich im Wohnungsbau (und haben auch die Möglichkeit der Realisierung ihrer Ideen). Ignoranten und Wucher haben keine Chance. Wohnbauwettbewerbe, an denen sich die besten

---

[393]   Vgl. Szyszkowitz 1979–1980.
[394]   Vgl. Hirschmann 1981, 47.
[395]   Ebd., 226.

Köpfe beteiligen, bestimmen das Planungsgeschehen, Schubladen-
pläne und ihre Vervielfältigung sind verfemt." [396]

Eine Vorversion dieses Leitbildes erschien bereits im Diskussionsentwurf des *Modell Steiermark* 1980.[397] Der Arbeitskreis stellte die
These auf, „dass mit den gleichen finanziellen Mitteln, wie sie die gemeinnützigen Bauträger für sich beanspruchen, mehr städtebauliche,
architektonische und planerische Qualität sowie eine Vielfalt an Wohnformen und Wohnungsgrundrissen und -typen – im Gegensatz zum
schematischen Wohnbau vieler Genossenschaften – erreicht werden
kann."[398] Einige Merkmale dieses Leitbildes wurden bereits bei der
Realisierung der ersten beiden Projekte berücksichtigt. Hierdurch fand
der Arbeitskreis 12 seiner Auffassung nach die Bestätigung, dass
„durch eine umfassende und möglichst frühzeitige Beteiligung der
zukünftige Bewohner eine wesentliche Qualitätssteigerung von der
Planung bis zur Ausführung erreichbar ist – neben der entscheidenden
Begleiterscheinung einer umfassenden Kontrolle; anspruchsvolle Planung und Gestaltung nicht teurer sein müssen als die schematische
Realität der überwiegenden Anzahl der Wohnbauten; grundlegende
Änderungen in Ablauf und Organisation des geförderten Wohnungsbaus notwendig sind, wenn bessere Ergebnisse erzielt und die positiven Erfahrungen aus den von uns betreuten Wohnbauvorhaben für
die große Anzahl der jährlich zu errichtenden Wohnungen wirksam
werden sollen".[399]

Den Nachweis über die Anwendbarkeit und Gültigkeit des Leitbildes
erbrachte der Arbeitskreis über die Initiierung weiterer eigener Wohnbauprojekte. Ab dem Jahr 1980 sollte jährlich die Realisierung von
4000 Wohneinheiten im Rahmen des *Modell Steiermark* gefördert
werden. Die Aufteilung der Fördermittel erfolgte im Verhältnis der politischen Großparteien. Somit erhielten jeweils die SPÖ und die ÖVP
2000 Wohneinheiten. Die ÖVP reservierte einen Anteil von 10% der
2000 Wohnungen direkt für das *Modell Steiermark*.[400]

Im Jahr 1984 wurden bereits 18 Projekte mit insgesamt ca. 300
Wohneinheiten in verschiedenen Stadien der Abwicklung durch den
Arbeitskreis 12 betreut.[401] Die Durchsetzung der Forderungen und
Richtlinien in den Projekten war möglich, aber das Überwinden man-
nigfaltiger Schwierigkeiten auf diesem Weg wurde seitens der Mitarbeiter im Arbeitskreis eingeräumt.[402] Somit wurde zwar stetig,
jedoch im kleineren Maßstab, der experimentelle Charakter der beiden Vorläuferprojekte fortgeschrieben. Die Arbeit war geprägt durch

[396]   Dreibholz 1984, 34.
[397]   Vgl. Hirschmann 1980, 129.
[398]   Dreibholz 1988, 34.
[399]   Dreibholz 1984, 34.
[400]   Vgl. Dreibholz 1988, 34; Dimitriou 1993; Dreibholz 2014.
[401]   Vgl. Dreibholz 1984, 34.
[402]   Vgl. ebd., 35.

theoretische Überlegungen und die experimentelle Erprobung in der Praxis. Neue Ideen wurden innerhalb des Wohnbauexperiments *Modell Steiermark* auf ihre Realisierbarkeit überprüft.[403] Die Richtlinien für die im Rahmen des *Modell Steiermark* initiierten Projekte waren:

1. „[…] daß sie innerhalb des gesetzlich festgelegten finanziellen Förderungsrahmens errichtet werden
2. daß die zukünftigen Bewohner vor Planungsbeginn zum größten Teil feststehen und
3. daß diese Bewohner ein umfassendes Mitspracherecht erhalten, entsprechend dem Motto ‚Über die Beteiligung zur Qualität'. Die Erfahrung hat auch gezeigt, daß dieses Mitspracherecht zu einem der effektivsten Kontrollinstrumente geworden ist.
4. Weiters wird verlangt, daß die Wohnbauvorhaben in Beziehung zur umliegenden Bebauung, der näheren und weiteren Wohnumwelt geplant und errichtet werden.
5. Zumeist werden Wettbewerbe abgehalten, um jenes Projekt zu finden, das ausgeführt wird. Wir haben ein zweistufiges Beurteilungsverfahren unter Einbeziehung der zukünftigen Bewohner entwickelt.
6. Hohe architektonische Qualität und eine Vielfalt an Wohnungsgrundrissen und Wohnformen sind weitere wesentliche Forderungen der *Modell Steiermark* Wohnbauvorhaben.
7. Der planende Architekt wird durchwegs mit der vollständigen Büroleistung beauftragt, in vielen Fällen übernimmt er auch die örtliche Bauaufsicht; dafür ist er für die Einhaltung der prälimitierten Baukosten verantwortlich.
8. Die Tätigkeit des gemeinnützigen Bauträgers beschränkt sich zumeist auf die rechtliche, finanzielle und förderungstechnische Abwicklung des Vorhabens. Für diese Leistungen sind 3% der Baukosten gesetzlich vorgesehen."[404]

Das *Modell Steiermark* schloss die zuvor vorhandene Lücke zwischen Wohnbauforschung und gebauter Realität, indem kontinuierlich die Erfahrungen vorausgehender Projekte in neue einfließen konnten (→**52**). Dadurch wurde statt Routineprozeduren ein Lernprozess in Gang gesetzt, wodurch ein Planungsprodukt stets auch Ausgangspunkt für den weiteren Planungsfortschritt war. [405] Ottokar Uhl als externer Beobachter der steirischen Szene schlussfolgerte: „Das Verhältnis zwischen Flexibilität und Festlegung in diesem Prozess än-

[403] Vgl. Dreibholz 1988, 28.
[404] Vgl. ebd., 35.
[405] Vgl. Uhl 1993, 297.

dert sich dauernd, [...] wodurch auch Planung nie zu Ende sein kann."[406]

Das Thema des Wohnbaus avancierte innerhalb des *Modell Steiermark* zu einem der wichtigsten Themen. In der kontinuierlichen Zusammenarbeit zwischen Politik und Experten wurden alle Faktoren, die Einfluss auf den Wohnbau hatten, untersucht.[407] Druch die Broschüre *Steiermark wohnlich*[408] von 1988 kam es zur umfangreichen Information und Aufklärung über die Möglichkeiten der Mitbestimmung und Mit-

verantwortung im Wohnbau. Zudem betonte man die hohe Wohnzufriedenheit, die hohe Identifikation der Bewohner mit den Projekten und die intensive Mitarbeit als effektives Kontrollinstrument in den zu diesem Zeitpunkt 20 laufenden Wohnbauvorhaben.[409] Das Thema der Mitbestimmung fand Anklang in der Bevölkerung und entfaltete ein schöpferisches Planungspotenzial der Steiermark.[410] Die anfängliche These, „dass mit den gleichen finanziellen Mitteln, wie sie die gemeinnützigen Bauträger für sich beanspruchen, mehr städtebauliche, architektonische und planerische Qualität sowie eine Vielfalt an Wohnformen und Wohnungsgrundrissen und -typen – im Gegensatz zum schematischen Wohnbau vieler Genossenschaften – erreicht werden kann",[411] sah das *Modell Steiermark* im Jahr 1988 bereits bestätigt. Dennoch hatte der Arbeitskreis auch für die Zukunft hohe Ansprüche und Erwartungen an den Wohnbau: „Zufrieden werden wir aber erst dann sein können, wenn nicht – wie jetzt nur etwa 20% des jährlichen Wohnbauvolumens des Landes Steiermark umfassenden qualitativen Ansprüchen Genüge leisten, sondern wenn Qualität – wie wir sie verstehen – als soziales Kriterium für alle Wohnbauprojekte Gültigkeit besitzt."[412]

Zur Umsetzung konnten diese Vorstellungen durch das Ende des *Modell Steiermark* Anfang der 1990er Jahre nicht mehr kommen.

[406] Ebd.
[407] Dreibholz 2014.
[408] Dreibholz 1988.
[409] Vgl. ebd., 8.
[410] Ebd., 35.
[411] Dreibholz 1988, 34.
[412] Szyszkowitz/Luser 1986, 175.

DAS *MODELL STEIERMARK* DER 1990ER JAHRE

Alternativen, am Anfang einer mühevollen Richtungsänderung, sind Prototypen mit Fehlern und Irrungen [...].

Dieter Ecker/Eilfried Huth/Herfried Peyker

Im Herbst 1988 wurde mit der Ausarbeitung des *Modell-Steiermark*-Programms für das nächste Jahrzehnt begonnen. In fünf Schwerpunktgruppen erarbeiteten Wissenschaftler, engagierte Bürger und politische Entscheidungsträger diesmal kein flächendeckendes Programm, sondern konzentrierten sich auf frei gewählte Schwerpunktgruppen ihres Themenbereichs:[413]

1. Wirtschaften für die Zukunft – Unser Platz im europäischen Raum
2. Leistung, Gerechtigkeit, Solidarität – Arbeiten in unserem Land
3. Gesund leben in der grünen Mark – Verantwortung für unseren Lebensraum
4. Kultur im Umbruch – Unsere geistigen Lebensgrundlagen weiterentwickeln
5. Neue Aufgaben für Regionen – Engagement für eine lebendige Demokratie[414]

Das Thema des Wohnbaus war zunächst nicht mehr präsent. Ende der 1980er Jahre kamen seitens der ÖVP wiederum Aufrufe zur Initiative und der Appell an den mündigen Bürger mit der Bitte um Vorschläge und der Aufforderung zum Mitmachen.[415] In dem vorgelegten Programm *Modell Steiermark* für die 90er Jahre im Jahr 1990 erweiterte man daher die Themen um sechs weitere Schwerpunkte:

1. Verkehrsverbindungen und Fremdenverkehr – Die Entgrenzung unserer Heimat
2. Die geistigen Potenziale – Bildung und Wissenschaft vor neuen Herausforderungen
3. Soziale Verantwortung – Eine Kultur des Zusammenlebens
4. Frauen – Die stille Revolution
5. Das vitale Land – Den ländlichen Raum entwickeln
6. Ein lebenswertes Leben – Freizeit, Sport, Gesundheit[416]

[413]   Pumpernig/Prisching/Steinegger 1990, 21.
[414]   Ebd., 4 ff.
[415]   Vgl. ebd., 23.
[416]   Vgl. ebd., 8 ff.

In Zusammenhang mit dem Thema soziale Verantwortung behandelte man das Thema Wohnen unter der Überschrift *Modellhaft Wohnen – und dennoch preiswert*.[417] Die Idee der Partizipation der zukünftigen Bewohner fand Bestärkung und kam zur Weiterentwicklung. Aufgrund der Tatsache, dass im geförderten Wohnbau begrenzte finanzielle Mittel zur Verfügung stehen, „[…] bedeutet dies eine Aufforderung – wenn nicht sogar Verpflichtung – zum Einsatz aller schöpferischen Kräfte".[418] Ebenso wurde die Integration wissenschaftlicher Erkenntnisse weiterentwickelt. Sie unterstrichen den Leitgedanken um „die Wichtigkeit und Bedeutung einer gesunden, lebenswerten Wohnumwelt und einer nach dem letzten Stand des Städtebaues, der Architektur, der Soziologie, Psychologie, Medizin, mit einem Wort des menschlichen Wissens geplanten Wohnung für unser Wohlbefinden und dem unserer Kinder".[419] Das Ziel war die Bereitstellung hochwertiger und gleichzeitig leistbarer Wohnungen für junge und kinderreiche Familien.[420]

Das Ende des *Modell Steiermark* kam jedoch rasch. Nach 17 Jahren verlor die ÖVP bei den steirischen Landtagswahlen am 22. September 1991 ihre absolute Mehrheit.[421] Der für das *Modell Steiermark* verantwortliche Landesrat Hermann Schaller musste sich aus der Politik zurückziehen, was auch „das Ende für sein Forschungskomitee Bauen und Wohnen"[422] bedeutete. Wahlsieger war die FPÖ unter Michael Schmid. Sie gewann neun Mandate und einen Sitz in der Landesregierung.[423]

Der Architekt Michael Schmid wurde erster FPÖ-Vertreter in der steirischen Landesregierung und übernahm als Landesrat unter anderem die Bereiche Wohnbau, Baurecht und Örtliche Raumplanung.[424] Schmid war selbst als planender Architekt in der Zeit des *Modell Steiermark* tätig, realisierte jedoch keinen Wohnbau innerhalb dieses Programms. Als langjähriger Mitarbeiter der ÖWG in Graz urteilte Johann Frank über Schmid, dass die Wahrung der architektonischen Qualität durch das *Modell Steiermark* für Schmid einen rein philosophischen Ansatz darstellte. Mit dem Satz: „Die Grazer Schule hat jetzt Ferien", beendete Schmid das Wohnbauexperiment *Modell Steiermark*.[425] Das Interesse an der dynamischen und innovativen Wohnbautätigkeit unter dem *Modell Steiermark* war damit vorbei. Die begleitende Kritik der Wohnbaugenossenschaften am Wohnbau des *Modell Steiermark*,

[417]   Vgl. ebd., 153 ff.
[418]   Ebd., 153.
[419]   Ebd.
[420]   Vgl. ebd.
[421]   Vgl. Karner 2000, 512.
[422]   Blundell Jones 1998, 52.
[423]   Vgl. Karner 2000, 512.
[424]   Vgl. Interview mit Johann Frank, geführt von Andrea Jany, Graz, 25.11.2013.
[425]   Ebd.

bis dato stets bezogen auf die baulichen Mängel,[426] ließ auf breiter Ebene eine rasche Umkehr in alte Muster zu. Sokratis Dimitriou als Leiter des Instituts für Kunstgeschichte an der TU Graz urteilte 1992, dass „der Rückfall in die schematische, bloß quantifizierende Haltung der sechziger Jahre"[427] wieder eintrat. Die Wohnbauförderung beschränkte sich wieder auf die Verteilung der Wohnbaugelder an die Baugenossenschaften. Die freie Entfaltung durch Wettbewerbe wurde durch den Ersatz der nicht bindenden Gutachterverfahren eingeschränkt. Damit einhergehend gab es keine weiteren öffentlichen Diskussionen und Debatten bezüglich des Wohnbaus. Wagner resümierte 2019 in seinem Aufsatz über die Grazer Schule und das *Modell Steiermark*, dass die experimentierfreudigen, sehr unterschiedlichen Ergebnisse des „steirischen Architekturwunders" ein starkes internationales Echo hervorgerufen hatten.[428] Nach dem Ende dieser experimentellen Phase fiel im Wohnbau den Baugenossenschaften ihre alte Rolle wieder zu – die Beherrschung des Wohnbaugeschehens, urteilte Peter Blundell Jones im Jahr 1998.[429] Dies bedeutete für Blundell Jones „[…] den Verlust oder zumindest die Verhinderung einer lebhaften Architekturkultur, um die Graz vom restlichen Europa beneidet wurde".[430]

[426]   Wagner 2018, 217.
[427]   Dimitriou 1993, 29.
[428]   Vgl. Wagner 2019, 216.
[429]   Vgl. Blundell Jones 1998, 52 f.
[430]   Ebd., 53.

Neue Wege im steirischen Wohnbau

MODELL STEIERMARK

„Über die Mitbestimmung zur Qualität"

II

DIE 28 PROJEKTE
DES *MODELL STEIERMARK*

Eine Vielfalt an architektonischen Lösungen und Wohnformen ist entstanden, die sich wohltuend vom üblichen schematischen Wohnbau abhebt.

Manfred Prisching

DOKUMENTATION

Während der Umsetzung der Wohnbauprojekte des *Modell Steier-mark* erschienen zwei Ausstellungskataloge, die den sozialen Wohn-bau der Steiermark in der Zeit von 1980 bis 1992 dokumentierten. Die Kataloge sind „[…] eine Art Mitschrift jenes Dialogs, der zur Zeit in der Steiermark über den Wohnbau geführt wird".[431] Die beiden Kata-loge vermitteln die Aufbruchsstimmung im Sinne des neuen sozialen Wohnbaues in der Steiermark. Die *Modell Steiermark* Wohnbauvor-haben gaben berechtigte Hoffnungen auf nachhaltige Veränderungen im längst obsolet gewordenen sozialen Wohnbau. Die Architekten waren mit viel Engagement angetreten, um den Beweis zu erbringen, dass bei „[…] gleichen finanziellen Mitteln, wie sie die gemeinnützi-gen Bauträger für sich beanspruchen, mehr städtebauliche, architek-tonische und planerische Qualität sowie eine Vielfalt an Wohnformen und Wohnungsgrundrissen und -typen – im Gegensatz zum schemati-schen Wohnbau vieler Genossenschaften – erreicht werden kann".[432] Der erste Katalog mit dem Titel *Wohnbau in der Steiermark 1980–86* enthält insgesamt 45 Wohnbauprojekte, wovon 16 Projekte vom *Modell Steiermark* initiiert wurden. Die vorgestellten Projekte machen einen Anteil von ca. 5% des insgesamt errichteten Wohnbaus in der Steiermark dieser Zeit aus.[433] Die Projekte wurden ausgewählt, da sie bezogen auf den Wohnbau „[…] Impulse geben wollten, gegeben haben und hoffentlich in größerem Ausmaß in Zukunft noch geben werden".[434] Der Katalog begleitete eine Ausstellung, welche vom 24. Juni bis 5. Juli 1986, veranstaltet durch den steirischen Landesver-band der Zentralvereinigung der Architekten in Graz, stattfand.[435] Der zweite Katalog mit dem Titel *Wohnbau in der Steiermark 1986–92* ent-hält insgesamt 54 Wohnbauprojekte. Aus diesem Katalog zählen acht Projekte zum *Modell Steiermark*. Ein Projekt hiervon wurde bereits im ersten Katalog vorgestellt. Auch hier ist der quantitative Anteil, ge-messen an der gesamten Wohnbauleistung in der Steiermark, relativ gering.[436] Die Umstände zur Erstellung dieses zweiten Kataloges ge-stalteten sich schwierig, da bereits der politische Wechsel stattgefun-den hatte. „Eine Unterstützung durch die Wohnbauträger und den für den Wohnbau zuständigen Landesrat blieb aus."[437] Insgesamt konnte das *Modell Steiermark* 28 Wohnbauprojekte (→**54**) realisieren. Zu den

[431]   Luser 1986, 181.
[432]   Dreibholz 1986, 175.
[433]   Vgl. Szyszkowitz 1986, 182.
[434]   Ebd., 182.
[435]   Vgl. Szyszkowitz/Luser 1986, 185.
[436]   Vgl. Frühwirt, 1993, 5.
[437]   Ebd.

23 in den beiden Katalogen publizierten Wohnbauprojekten zählen weitere fünf Projekte, über welche bisher nichts veröffentlicht wurde. Die Vielzahl an weiteren, sich vom standardisierten Wohnbau unterscheidenden und in den beiden Katalogen dokumentierten Projekten zeigt jedoch deutlich den Einfluss des Wohnbauexperiments des *Modell Steiermark* auf den gesamten Wohnbau in der Steiermark dieser Zeit. Von den 28 *Modell Steiermark*-Wohnbauprojekten wurden neun in Graz und der Rest in der übrigen Steiermark realisiert.

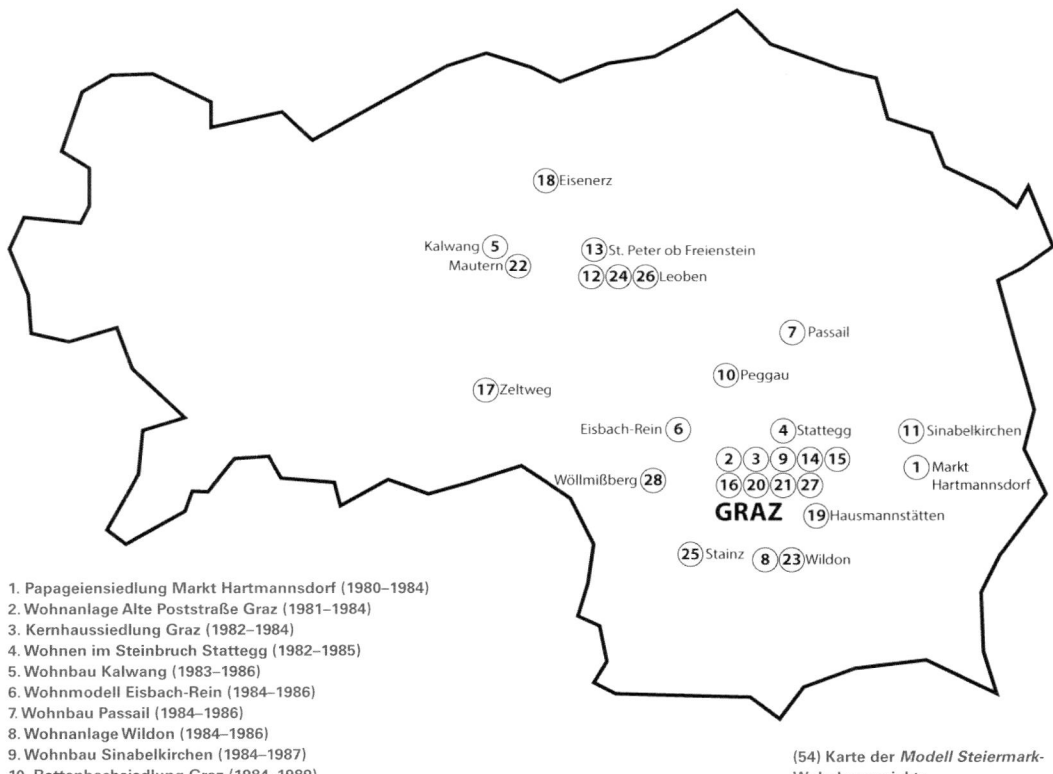

1. Papageiensiedlung Markt Hartmannsdorf (1980–1984)
2. Wohnanlage Alte Poststraße Graz (1981–1984)
3. Kernhaussiedlung Graz (1982–1984)
4. Wohnen im Steinbruch Stattegg (1982–1985)
5. Wohnbau Kalwang (1983–1986)
6. Wohnmodell Eisbach-Rein (1984–1986)
7. Wohnbau Passail (1984–1986)
8. Wohnanlage Wildon (1984–1986)
9. Wohnbau Sinabelkirchen (1984–1987)
10. Rettenbachsiedlung Graz (1984–1989)
11. Sagergründe Peggau (1984–1990)
12. Wohnbau Leoben/Seegraben (1985–1989)
13. Holzwohnbau Mölbenring Zeltweg (1985–1989)
14. Geschossbau St. Peter ob Freienstein (1985–1989)
15. Energiesparsiedlung Graz (1985–1992)
16. Wohnanlage Peterstalstraße Graz (1985–1992)
17. Wohnbebauung Hausmannstätten (1985–2002)
18. Generationstürme Graz (1986–1988)
19. Wohnbau Eisenerz (1986–1989)
20. Wohnbau Carl-Spitzweg-Gasse Graz (1987–1994)
21. Wohnanlage Ragnitz III Graz (1988–1991)
22. Wohnbebauung Mautern (1988–1991)
23. Wohnbau Stainz (1988–1991)
24. Wohnbau Apfelbaumgarten Wildon (1988–1992)
25. Wohnbau Leoben (1988–1994)
26. Wohnbau Leoben-Leitendorf (1989–1993)
27. Wohnbaus Josef-Huber-Gasse Graz (1990–1993)
28. Wohnbau Wöllmißberg (1993–1995)

(54) Karte der *Modell Steiermark*-Wohnbauprojekte

55

56

57

01. PAPAGEIENSIEDLUNG MARKT HARTMANNSDORF

Adresse	Obertrum 290, 8311 Markt Hartmannsdorf
Architekt	Irmfried Windbichler
Bauherr	Verein Beteilungswohnbau Markt Hartmannsdorf
Bauträger	ÖWG
Gebietscharakter	ländliches Wohngebiet
Wettbewerbsauslober	Modell Steiermark und Österreichische Wohnbaugesellschaft
Planung/Bau	zweistufiger Wettbewerb – Fachjury und Laienjury (Bewohner) 1980 Planungsbeginn 1983 Bezug
Wohnnutzfläche	je Wohneinheit 50–115 m²
Wohneinheiten	14
Gebäudecharakter	verdichteter Flachbau
Rechtsform	Eigentum

58

59

Die *Papageiensiedlung* ist das erste initiierte Wohnprojekt des *Modell Steiermark*. Die Siedlung befindet sich im südoststeirischen Markt Hartmannsdorf nordwestlich des fußläufig gelegenen Ortszentrums. Die Auslobung des Projektes fand über einen zweistufigen Wettbewerb durch den Arbeitskreis 12 des *Modell Steiermark* und die Österreichische Wohnbaugesellschaft statt. Insgesamt reichten 22 Planer ihre Projekte ein. Nachdem eine Fachjury eine erste Auswahl der Projekte getroffen hatte, erhielten die Wohnungswerber in der zweiten Stufe die Möglichkeit, das Siegerprojekt zu küren. Der Architekt Irmfried Windbichler gewann den Wettbewerb und realisierte zusammen mit den zukünftigen Bewohnern das Projekt.

Windbichlers Entwurf, entwickelt während seiner Mitarbeit im Büro von Eilfried Huth, beruht auf der Idee eines Baukastensystems von drei verschiedenen Wohnungstypen, welche eine Vielzahl von Bebauungsmöglichkeiten und damit eine maximale Abstimmung mit den Bedürfnissen der zukünftigen Bewohnerschaft zuließ. Die Grundform des Entwurfs ist eine Reihung von Wohn- und Erschließungsbereichen im nördlichen Gebäudetrakt, welche mit vier südlich orientierten Gebäudefingern im Bereich der Erschließung gekoppelt ist. Entstanden sind 14 Einheiten im Eigentum, die südlich ausgerichtet sind und gemeinschaftliche Außenbereiche mit fließenden Übergängen besitzen. Windbichler sah bereits im Wettbewerbsentwurf die Möglichkeit der Eigenleistung durch die späteren Bewohner in der Bauphase durch den Selbstbau der Garagen vor. Nicht zuletzt lässt die farbenfrohe Gestaltung den Einfluss Huths erkennen und gab schließlich der Siedlung ihren Namen.

02. WOHNANLAGE ALTE POSTSTRASSE GRAZ

Adresse	Dreierschützengasse 28–40, 8020 Graz
Architekten	Szyszkowitz+Kowalski, Graz
Bauherr	Modell Steiermark
Bauträger	Gemeinnützige Bau- und
	Siedlungsgenossenschaft
	Steirisches Hilfswerk für Eigenheimbau,
	Rottenmann
Gebietscharakter	Wohnmischgebiet
Planung/Bau	zweistufiger Wettbewerb – Fachjury und
	Laienjury (Bewohner)
	1981 Planungsbeginn
	1982 Baubeginn
	1984 Fertigstellung
Wohneinheiten	43 (+1 Geschäftseinheit)
Gebäudecharakter	Geschossbauweise aus 7 verbundenen
	Einzelbaukörpern
	3- bis 4-geschossig + KG
Rechtsform	Eigentum

63

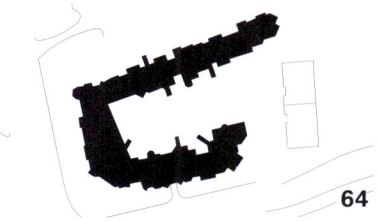

64

Der Wunsch nach Veränderung und Aufbruch des damaligen Wohnbausystems ist konzeptionell und architektonisch im ersten Grazer Wohnbauprojekt im Rahmen des *Modell Steiermark* klar erkennbar. Der Entwurf der *Wohnanlage Alte Poststraße* geht auf einen Wettbewerbsgewinn des Büros Szyszkowitz+Kowalski im Jahr 1981 zurück. Der Wettbewerb selbst wurde zweistufig abgewickelt. Eine Fachjury bewertete in der ersten Stufe die eingereichten Projekte. Letztlich entschied in der zweiten Stufe eine Laienjury, bestehend aus der zukünftigen Bewohnerschaft, über das Siegerprojekt.

Städtebaulich entwickelt sich das Gebäudeensemble aus sieben verbundenen Baukörpern um einen zentralen Hof. Als Abschirmung gegen den Verkehrslärm sah der Entwurf bereits einen Erdwall westlich und südlich entlang des Grundstücks vor. Die offene vertikale Erschließung der Gebäudestruktur öffnet sich als Erlebnisräume zum Innenhof und repräsentieren baulich den neuen Charakter der experimentellen Wohnbauepoche in der Steiermark. Das Projekt beherbergt 43 Wohneinheiten in Ergänzung mit einer Geschäftseinheit, welche gegenwärtig aufgelassen ist. Die Wohnungstypen variieren innerhalb der drei bis vier Geschosse zwischen Geschoss- und Maisonettewohnungen. Der ruhende Verkehr ist unterhalb des Geländes als Tiefgarage ausgeführt und ermöglichte die großzügige Gestaltung und Aneignung der Freiräume.

Im Zuge der Planungs- und Bauphase formierte sich ein Bauausschuss, bestehend aus Mitgliedern der zukünftigen Bewohnerschaft, als Sprachrohr der Wohngemeinschaft nach außen. Die Instandhaltung und Außenraumpflege der Siedlung geschieht bis heute in Eigenregie der Bewohnerschaft. Die intensive Einbindung der Bewohnerschaft in die Ausgestaltung der Anlage, die abwechslungsreiche Formensprache der Siedlung gepaart mit den gestalteten Freibereichen heben die Siedlung bis heute wohltuend von der standardisierten Nachbarschaft ab.

Adresse	Rettenbacherstraße 5–5i, 8044 Graz
Architekten	Gruppe 3, Graz (Nikolaus Schuster,
	Herfried Peyker, Werner Nussmüller)
Bauherr	Verein Kernhaus-Siedlung
Baubetreuung	ÖWG
Gebietscharakter	Wohngebiet
Planung/Bau	1982 Planungsbeginn
	1984 Fertigstellung
Wohnnutzfläche	je Haus 90–130 m^2
Grundstücksfläche	5435 m^2 Bauland + 893 m^2 Teich
Wohneinheiten	10
Gebäudecharakter	erweiterbare Einfamilienhäuser gruppiert
	um Biotop
Rechtsform	Eigentum

68

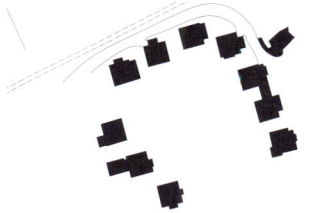

69

Die *Kernhaussiedlung* gruppiert sich mit zehn frei stehenden Einfamilienhäusern um eine natürliche Wasserfläche und wird ergänzt durch ein Gemeinschaftshaus. Die Siedlung stellt den Versuch dar, für die Form des Einfamilienhauses eine kommunikative Wohnmöglichkeit zu finden. Gelegen in Mariatrost in unmittelbarer Nachbarschaft zur Rettenbachsiedlung, bildet die Siedlung den Übergang zur klassisch parzellierten Bebauung hangaufwärts zum Leechwald. Die Anlage ist eine verdichtete, wenn auch als Solitär ausgeführte Form des Eigenheims und löst diese vermeintliche Enge durch die bewußt unparzellierte Gesamtgrundstücksfläche auf. Die Freifläche, die als zusammenhängender Erlebnis- und Aufenthaltsraum gestaltet ist, unterstreicht die Idee des kommunikativen Miteinanders. Die Bezeichnung Kernhaus bezieht sich auf den zentralen, kreisförmigen Warmluftschacht der Heizung mit umlaufender Stiege, welcher zugleich konstruktiv wirksam ist. Die quadratischen Hausgrundrisse entwickeln sich stufenweise entlang dieses vertikalen Erschließungskerns über drei Geschosse. Der Ausbau erfolgte individuell nach den Bedürfnissen der zukünftigen Bewohnerschaft und in Abstimmung mit den planenden Architekten. Zwei Mitglieder der Gruppe 3 bezogen auch selbst ihr Familienquartier in einem der Häuser. Nach außen spiegeln die farblich differenzierten Holzfassaden die innen liegenden Variationen der Wohnhäuser wider. Im Zuge der Realisierung bildeten die zukünftigen Bewohner eine Siedlergemeinschaft in Form eines Vereins, welcher bis heute die Pflege und Instandhaltung der Siedlung verwaltet. Im Jahr 1987 erhielt die Siedlung die Auszeichnung mit der GerambRose.

04. WOHNEN IM STEINBRUCH STATTEGG

Adresse	Jakobsweg 20–38, 8046 Stattegg
Architekten	Wolfgang Kapfhammer, Johannes Wegan, Gert Kossdorf, Graz
Bauherr	Verein Interessengemeinschaft Wohnen im Steinbruch Stattegg
Gebietscharakter	Siedlungsgebiet
Planung/Bau	1983 Baubeginn
	1985 Fertigstellung
Wohnnutzfläche	je Wohneinheit 110–130m²
Wohneinheiten	10
Gebäudecharakter	Eigenheime in verdichteter Bauweise
Rechtsform	Eigentum

73

74

Das Projekt *Wohnen im Steinbruch* ist als Direktauftrag an das Grazer Architektenteam Wolfgang Kapfhammer, Johannes Wegan und Gert Kossdorf durch den Verein „Interessengemeinschaft Wohnen im Steinbruch Stattegg" vergeben worden. Die thematischen Schwerpunkte dieses Wohnbaus waren unter anderem die umfassende und frühzeitige Beteiligung der Wohnungswerber sowie die Errichtung gemeinschaftlicher Einrichtungen. Das Projekt stellt eine Alternative zu dem seinerzeit gängigen Einfamilienhaus dar. Die Anordnung der Gebäude geht auf eine intensive Auseinandersetzung mit dem Ort und den Bedürfnissen der zukünftigen Bewohnerschaft zurück. Für die formale Grundidee des Entwurfes stand der am Grundstück befindliche Kalksteinbruch und dessen kleinste Bestandteile der Kalkkristalle Pate. Die Anordnung der zehn Wohneinheiten bezieht sich auf eine südliche Ausrichtung und eine Höhenstaffelung in Richtung rückwärtigem Steinbruch sowie den Anspruch der Gleichwertigkeit jedes Gebäudes innerhalb der Nachbarschaft. Entstanden sind zehn Wohneinheiten mit einer Grundrissfläche zwischen 110 und 130 m² zuzüglich eines ausbaufähigen Dachgeschosses von 150 m². Die markante, kristalline Formgebung im Bereich der Dächer wird durch die Farb- und Materialwahl klar unterstrichen. Die räumliche und nachbarschaftliche Mitte der Anlage bildet der großzügige Gemeinschaftsraum, der mit allen Einheiten durch Wege verbunden ist. Nachbarschaftsfeste, künstlerische, sportliche und kulturelle Veranstaltungen werden hier von und für die Siedlungsbewohner, aber auch Anrainer veranstaltet. Zusätzlich zu den privaten Freibereichen jeder Einheit entwickeln sich großzügige Außenanlagen im Bereich des ehemaligen Steinbruchs.

Adresse	Fohlenhofweg 3–7, 8775 Kalwang
Architekten	Günther Krisper und Gerhard Kreutzer, Graz
Bauherr	Verein der Wohnungswerber
Bauträger	Gemeinnützige Siedlungsgenossenschaft der
	Arbeiter und Angestellten in Leoben-Donawitz
Gebietscharakter	ländliches Wohngebiet
Planung/Bau	1983 Planungsbeginn
	1986 Fertigstellung
Wohnnutzfläche	je Wohneinheit 70–110 m²
Wohneinheiten	47 Wohnungen und 15 Eigenheime geplant
	19 Wohnungen und 5 Eigenheime bis 1987
	realisiert
Gebäudecharakter	Geschosswohnbau
Rechtsform	Eigentum

78

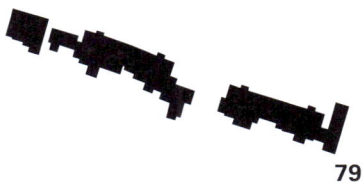

79

Der *Beteiligungswohnbau Kalwang* geht auf einen geladenen Wettbewerb zurück, der durch das *Modell Steiermark* gemeinsam mit dem damaligen Bürgermeister von Kalwang initiiert und durch den Verein der Wohnungswerber ausgelobt worden ist. Thematische Schwerpunkte waren die Behandlung unterschiedlicher Wohnformen in einer Siedlung und die frühzeitige und umfassende Beteiligung der Wohnungswerber. Konkret sollten 47 Eigentumswohnungen im Geschosswohnbau zwischen 50 und 100 m² in Kombination mit 15 Eigenheimen in einer gemeinsamen Siedlung entwickelt werden. Hierfür sollte ein Bebauungsvorschlag für ein zusammenhängendes Baugebiet unter Berücksichtigung eines konkreten Bauvorhabens entwickelt werden. In einem geladenen Wettbewerb mit drei Teilnehmern und einem zweistufigen Beurteilungsverfahren ging das Architektenteam Günther Krisper und Gerhard Kreutzer als Sieger hervor. Das nordwestlich vom Ortszentrum gelegene Grundstück erhielt eine klare Zonierung nach Geschossbauten und Eigenheimbereich. Für den Geschosswohnbau sahen die Architekten eine gekoppelte, aufgelockerte Bauweise in zwei Zeilen vor. Der hieraus entstehende Zwischenbereich war für verschiedene Gemeinschaftsflächen wie z. B. Festwiese, Ballspielplatz und Kinderspielplatz vorgesehen. Die Wohnungen selbst sind in drei Häusern mit je drei Geschossen untergebracht. Die entwickelten Grundrisse boten eine Vielfalt in Größe und Typologie. Für die Fassaden sahen die Architekten eine variantenreiche Gestaltung mit unterschiedlichen Materialien sowie Vor- bzw. Rücksprüngen vor. Die Projektumsetzung war in zwei Bauabschnitten angelegt. Zunächst entstand die erste Baustufe mit dem konkreten Bauvorhaben von 19 Eigentumswohnungen, welche im November 1986 bezogen werden konnten. Des Weiteren entstanden bis 1987 fünf Selbst-Hilfe-Eigenheime. Der zweite Bauabschnitt kam nicht zur Ausführung.

Adresse	Hörgas 236–241, 8103 Rein
Architekten	Szyszkowitz+Kowalski, Graz
Bauherr	Verein der Wohnungswerber
Bauträger	ÖWG
Gebietscharakter	ländliches Wohngebiet
Planung/Bau	1984 Baubeginn
	1986 Fertigstellung
Wohnnutzfläche	je Wohneinheit 75–130 m²
Wohneinheiten	24
Gebäudecharakter	Geschosswohnbau in Kombination mit
	Eigenheim
Rechtsform	Eigentum

83

84

Das Projekt *Wohnmodell Eisbach-Rein* weist formal starken Bezug zum Projekt in der Alten Post-straße auf und lässt die markante Handschrift des Architektenpaares Szyszkowitz+Kowalski klar erkennen. Die Architekten gingen aus einem geladenen Wettbewerb mit drei Teilnehmern hervor. Auslober war der Verein der Wohnungswerber. Betreut wurde das Projekt durch die Baugenossen-schaft ÖWG Graz. Das Beurteilungsverfahren fand in zwei Stufen statt. Die Bewohner erhielten bereits im Wettbewerbsverfahren Mitspracherecht und entschieden in der zweiten Stufe über das Siegerprojekt. Das realisierte Projekt beinhaltet 24 Wohneinheiten, welche sich in Hufeisen-form um einen Wohnhof gruppieren und somit die Besonnung am Nordhang für die Wohnungen und Gärten garantieren und gleichzeitig den Ausblick ins Tal ermöglichen. Das Gebäudeensemble aus sechs gekoppelten und ineinander verschachtelten Baukörpern folgt den vorhandenen Hö-henschichten und ist terrassiert angelegt. Der Wohnhof ist eine parkähnliche Anlage, welche in die angrenzenden Terrassen, Gärten und Wohnungseingänge schrittweise mit einer räumlichen Überlagerung übergeht. In der Planung erhielt jede Wohnung ihr eigenes Charakteristikum und eine artspezifische Qualität, die bestimmt ist durch die Lage innerhalb des nachbarschaftlichen Gefüges. Um für jede Wohnung einen direkten Zugang für einen privaten Gartenbereich zu er-möglichen, erfolgte die Planung der Wohnung in halbgeschossiger Anordnung. Die Wohnungs-größen variieren zwischen 75 und 130 m². Die Auswahl der eigenen Wohneinheit erfolgte im Planungsprozess gezielt nach den Vorlieben, Wohnvorstellungen und Lebensgewohnheiten der zukünftigen Bewohner. Die räumlich und gemeinschaftlich geprägten Atmosphären im Innen- und Außenbereich in Kombination mit der verdichteten Bebauung der Anlage lassen das Projekt als eine wohltuende Abwechslung im ländlich geprägten Gebiet nordwestlich von Graz erscheinen.

85

86

87

Adresse	Obergasse 11+13, 8103 Passail
Architekten	Helmut Croce, Ingo Klug, Graz
Bauherr	Verein der Wohnungswerber
Baubetreuung	ÖWG
Gebietscharakter	Dorfgebiet
Planung/Bau	1984 Baubeginn
	1986 Fertigstellung
Wohnnutzfläche	je Wohneinheit 60–90 m^2
Wohneinheiten	11
Gebäudecharakter	Um- und Ausbau einer bestehenden Volksschule
Rechtsform	Eigentum

88

89

Der *Wohnbau Passail* steht als Beispiel für die Altstadt- und Althaussanierung im Zuge des *Modell Steiermark*. In zentraler Lage des oststeirischen Ortes Passail hatte die ehemalige Volksschule ihre Nutzung verloren, verfügte jedoch über berücksichtigungswerte architektonische Qualitäten. Der thematische Schwerpunkt war die Umnutzung dieses gut erhaltenen Bestandes in ein Wohngebäude. Betreuende Genossenschaft des Projektes war die ÖWG Graz. Zunächst lobte der Verein der Wohnungswerber einen Wettbewerb aus. Letztlich wurde das Bauvorhaben in einem Direktauftrag an die Architekten Helmut Croce und Ingo Klug vergeben. Im Zuge der Planung kam zusätzlich zu den beiden unteren Vollgeschossen der Ausbau des Dachgeschosses zur Wohnnutzung hinzu. Durch die geschickte Adaptierung der vorhandenen Räumlichkeiten, den Abbruch eines kleinen Nebentraktes bis auf die Deckenplatte und die Einschnitte im vorhandenen Dachstuhl entstanden für die 11 Eigentumswohnungen in der Größe zwischen 60 und 90 m^2 zusätzliche Wohnfläche und attraktive südwestlich orientierte Außenbereiche. Die markante rote Farbgebung im Bereich der Fenster und Brüstungselemente in Kombination mit der zurückhaltend schlichten, weißen Fassade verleihen dem Gebäude einen besonderen Akzent.

Adresse	Unterer Markt 25+27, 8412 Wildon
Architekten	Heiner Hierzegger, Graz
Bauherr	Verein der Wohnungswerber
Baubetreuung	GWS
Gebietscharakter	Dorfgebiet
Planung/Bau	1984 Baubeginn
	1986 Fertigstellung
Wohnnutzfläche	je Wohneinheit 50–80 m²
Wohneinheiten	8
Gebäudecharakter	Blockrandbebauung; Revitalisierung eines
	Bürgerhauses aus dem 18. Jh. in zentraler Lage
Rechtsform	Miete

93

94

Das Projekt der *Wohnanlage Wildon* liegt im dörflichen Verband des Ortes Wildon entlang einer belebten Straßenzeile am nördlichen Fuße einer markanten Erhöhung. Auslober für das Projekt war der Verein der Wohnungswerber. Als betreuende Genossenschaft fungierte die GWS Graz. Der thematische Schwerpunkt war die Rückgewinnung von bestehendem Wohnraum in historisch und baukulturell beachtenswerten Objekten in zentraler Lage und stellt die Revitalisierung eines Bürgerhauses aus dem 18. Jahrhundert dar. Das Projekt ist ein weiteres Beispiel, neben dem Wohnbau Passail, für die Altstadt- und Althaussanierung im Zuge des *Modell Steiermark*. Heiner Hierzegger führte das Objekt durch die Sanierung und in der Ausstattung an den damaligen Standard von Wohngebäuden heran. Straßenseitig präsentiert sich das Gebäude zurückhaltend und fügt sich entlang des Straßenzuges in die bestehenden Häuserfassaden ein. Das Projekt besteht aus dem Haupthaus entlang der Straße und einem zusätzlichen Gebäudetrakt im rückwärtigen Hofbereich. Die Hoffläche ist durch das angrenzend aufstrebene Grundstück minimiert. Im Innenhof des Ensembles treten die zusätzlich eingefügten Stiegenaufgänge und Balkone sowie die Brüstungen mit ihrer einheitlichen türkisen Farbgebung hervor. Diese neuen Elemente treten bewusst zurück und lassen dem Altbestand mit seiner Relieffassade und der markanten Pflasterung im Hofbereich ausreichend Raum zur Wirkung.

Adresse	Handlerweg 153–170, 8261 Sinabelkirchen
Architekten	Franz Riepl mit TU Graz
Bauherr	Interessentengemeinschaft der
	Wohnungswerber
Baubetreuung	Gemeinnütziges steirisches
	Wohnungsunternehmen Frohnleiten
Gebietscharakter	Dorfgebiet
Planung/Bau	1984 Planungsbeginn
	1986 Baubeginn
	1987 Fertigstellung
Wohnnutzfläche	je Wohneinheit 60–100 m^2
Wohneinheiten	18
Gebäudecharakter	Geschosswohnbau
Rechtsform	Eigentum

98

99

Das *Wohnbauvorhaben Sinabelkirchen* liegt im Ortskern der oststeirischen Gemeinde Sinabelkirchen. Im Zuge der Errichtung eines neuen Gemeindezentrums für den Ort wurden neben Geschäftsräumlichkeiten und öffentlichen Einrichtungen ebenfalls diese Wohnungen auf dem Grundstück einer ehemaligen Kräuterfabrik geplant. Auslober des Projektes war die Interessentengemeinschaft der Wohnungswerber. In einem Direktauftrag erging das Projekt an den Architekten Franz Riepl, welcher zeitgleich Vorstand des Instituts für Landwirtschaftliches Bauwesen und Ländliches Siedlungswesen an der TU Graz war. Das Vorhaben ist mit frühzeitiger und umfassender Beteiligung der zukünftigen Bewohner unter Einbeziehung der personellen und organisatorischen Möglichkeiten von Riepls Institut realisiert worden. In einem vom Institut durchgeführten Studentenwettbewerb setzte sich von 15 Projekten das Projekt eines Kärntner Architekturstudenten durch. Die Entscheidung über das Siegerprojekt lag bei der zukünftigen Bewohnerschaft. Besonders wichtig in der Entscheidungsfindung war den Bewohnern ein eigener Eingang für jede Wohneinheit. Der Siegerentwurf sah zwei langgestreckte Baukörper entlang einer mittleren Durchwegung der Siedlung mit dazugehörigen Außenbereichen vor. In der zweigeschossigen Variante besitzt jede Wohneinheit einen eigenen Balkon- und auch ebenerdigen Gartenanteil. Im Laufe der Jahre wurden die Balkonbereiche durch die Bewohner teilweise erweitert. Jährlich anfallende Arbeiten werden bis heute von der Bewohnerschaft selbst übernommen.

100

101

102

Adresse	Rettenbacherstraße 3a–f, 8044 Graz
Architekt	Bernhard Hafner, Graz
Bauherr	Interessentengemeinschaft der
	Wohnungswerber
Baubetreuung	ÖWG
Gebietscharakter	Wohngebiet
Planung/Bau	1984 Planungsbeginn
	1986 Baubeginn
	1989 Fertigstellung
Wohnnutzfläche	je Wohneinheit 50–130 m²
Grundstücksfläche	4441 m²
Wohneinheiten	23
Gebäudecharakter	Geschossbau
Rechtsform	Eigentum

103

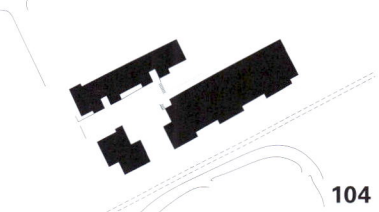

104

In direkter Nachbarschaft zur südlich angrenzenden und allein durch die Straßenbahntrasse getrennten Kernhaussiedlung bildet die *Rettenbachsiedlung* den Übergang zwischen der stark frequentierten Mariatroster Straße mit ihrer Zerklüftung durch Handel- und Gewerbebauten hin zur frei stehenden Bebauung des Nordhangs vom Leechwald. Die Siedlung entstand mit 23 Eigentumswohnungen in Geschossbauweise als Direktauftrag des *Modell Steiermark* an den Architekten Bernhard Hafner. Das Gebäudeensemble, bestehend aus drei parallel und zweizeilig angeordneten Baukörpern mit einem Innenhof auf einem künstlichen Niveau, erinnert durch die verblechten Tonnendächer an Waggons. Die dreigeschossigen Baukörper beherbergen vorwiegend Maisonette- und Splitlevel-Wohnungen zwischen 50 und 130 m². Die Konzeption der Anlage ist geprägt durch den Wunsch nach passiver Nutzung der Sonnenenergie mit der gleichzeitigen Abschirmung zur südlich angrenzenden Straßenbahntrasse. Als Reaktion wurde das gesamte Geländeniveau angehoben sowie die beiden südlichen Gebäude mit Wohnraum erweiternden und gleichzeitig abschirmenden Baukörpern ergänzt. Die Freiraumgestaltung wurde, bis auf das Biotop, in gemeinschaftlicher Arbeit der Bewohnerschaft angelegt. Die Bewohner organisierten sich im Zuge der Planung und Realisierung des Projektes als Verein, welcher jedoch über die Zeit aufgegeben wurde. Gegenwärtig koordiniert ein Siedlungssprecher jährlich anfallende Arbeiten und Sanierungen, welche bis heute großteils von den Bewohnern selbst übernommen werden.

Adresse	Ecke Johann-Fellingerstraße/Hinterbergstraße, 8120 Peggau
Architekten	Klaus Kada, Graz
Betreuung	Gemeinnütziges steirisches Wohnungsunternehmen Frohnleiten
Gebietscharakter	Siedlungsgebiet
Planung/Bau	1984 geladener Wettbewerb 1990 Fertigstellung
Wohnnutzfläche	je Wohneinheit 50–90 m²
Gebäudecharakter	Geschossbau

109

Das Grundstück der *Sagergründe* liegt im Ortsverband des Ortes Peggau nördlich von Graz. Die Bebauung geht auf den 1. städtebaulichen Wettbewerb des *Modell Steiermark* zurück, den der Architekt Klaus Kada für sich entscheiden konnte. Die grundsätzliche Idee zu Beteiligungsmodellen im Wohnbau hatte Kada bereits 1971 im Projekt Mitterling in Radkersburg entwickelt. Das von ihm vorgeschlagene Bausystem für die Sagergründe ließ laut Jurywertung eine Vielfalt von Grundrisslösungen erwarten. In der Begründung der Jury ließ das System eine Anpassung an den vielfältigen Wohnungsbedarf bestens zu. Die Wohnungen verteilen sich auf drei Baukörper, welche in einer langgestreckten U-Form zueinander angeordnet sind. Das mittlere Gebäude und auch größte des Ensembles verläuft mit einer Krümmung Richtung Westen und weist eine Geschossigkeit von vier Stockwerken auf. Die beiden Baukörper im Westen und Osten sind je zweigeschossig. Die Wohnungsgrundrisse liegen zwischen 50 und 90 m². Den Wohnungen zugeordnet sind private Freiflächen im Süden bzw. Westen. Über gewendelte Stahlstiegen ist die direkte Erreichbarkeit der egenen ebenerdigen Freifläche der oberen Geschosswohnungen gegeben. Farblich treten die Stiegen teils zurück, teils sind sie bewusst farblich hervorgehoben. Im Jahr der Fertigstellung 1990 erhie t der Architekt Klaus Kada für dieses Projekt die Geramb-Medaille des Landes Steiermark.

12. WOHNBAUVORHABEN LEOBEN/SEEGRABEN

Adresse	In der Meln 16, 8700 Leoben
Architekten	Team A Graz (Franz Cziharz, Dietrich Ecker,
	Herbert Missoni, Jörg Wallmüller)
Bauherr	Interessentengemeinschaft der
	Wohnungswerber
Baubetreuung	WAG Linz (heute: Liegenschaftsverwalter)
Gebietscharakter	ländliches Gebiet
Planung/Bau	1985 Planungsbeginn
	1986 Baubeginn
	1989 Fertigstellung
Wohnnutzfläche	je Wohneinheit 50–90 m²
Wohneinheiten	10 geplant; 9 umgesetzt
Gebäudecharakter	verdichteter Flachbau
Rechtsform	Eigentum

113

114

Inmitten einer klassischen Zeilenbebauung direkt am Murufer nordöstlich der Stadt Leoben liegt diese verdichtete und terrassierte Wohnanlage. Das *Wohnbauvorhaben Leoben/Seegraben* wurde von der Interessentengemeinschaft der Wohnungswerber ausgelobt und als Direktauftrag an das Team A Graz vergeben. Die Aufgabenstellung umfasste eine Anlage für 10 Mietwohnungen im Geschosswohnbau mit vier Wohnungen à 50 m², vier Wohnungen à 70 m² sowie zwei Wohnungen à 90 m². Die thematischen Schwerpunkte des Projektes waren die Ergänzung einer bestehenden Siedlungsstruktur unter Berücksichtigung der vorhandenen Bausubstanz und die Reduzierung der Baukosten durch Einbringung von Eigenleistung und entsprechende Planungsmaßnahmen der zukünftigen Bewohner. Entstanden ist eine abwechslungsreiche Anlage, die aus sechs gekoppelten und terrassierten Gebäuden auf einem südlich geneigten Grundstück Richtung Mur inmitten einer bestehenden Arbeitersiedlung aus dem Anfang des 20. Jahrhunderts besteht. Die sechs Einzelhäuser, in zwei in sich gekoppelte Volumina gruppiert, erstrecken sich spiegelsymmetrisch entlang der zentralen, als Spiegelachse angelegten Durchwegung. Straßenseitig eher geschlossen, fallen die verschiedenen Dachflächen und -materialien sowie die markant hervortretenden Eingangssituationen als Stahl-Glas-Holz-Konstruktion ins Auge. Gartenseitig öffnet sich die Anlage Richtung Süden und treppt sich über verschiedene Dach- und Terrassenformen Richtung Mur ab.

115

116

117

Adresse	Mölbenring 5/9b/11/13/31a–39, 8740 Zeltweg
Architekt	Hubert Rieß, Graz
Bauträger/-leitung	ÖWG, Graz
Gebietscharakter	Siedlungsgebiet
Planung/Bau	1985 einstufiger, offener Wettbewerb
	(30 Teilnehmer)
	1986 Planungsbeginn
	1987 Baubeginn
	1989 Fertigstellung
Wohnnutzfläche	je Wohneinheit 85–120 m²
Wohneinheiten	24
Gebäudecharakter	Geschosswohnbau in Kombination mit
	Einfamilienhaus
Rechtsform	Eigentum

118

119

Das Bauvorhaben *Holzwohnbau Mölbenring* in Zeltweg wurde als einstufiger, öffentlicher Wettbewerb, der beschränkt war auf den Kammerbereich der Steiermark, durch das *Modell Steiermark* ausgeschrieben. Das Ziel dieses Projektes war der Nachweis, dass unter der Verwendung von Holz als Hauptbaumaterial eine Baukostenreduzierung im Geschossbau möglich ist. Das Projekt diente hierzu als „Modellanlage". Im Rahmen der Mitbestimmung der zukünftigen Bewohner gab es bereits in den Wettbewerbsunterlagen eine Beilage „Wohnungsvorstellungen der Wohnungswerber", in der deren Wünsche als Planungsleitfaden im Vorfeld erhoben und dokumentiert wurden. Der Architekt Hubert Rieß ging als Sieger aus dem Wettbewerb hervor. Das Grundstück selbst liegt in einem Siedlungsgebiet mit gekoppelten Einfamilienhäusern entlang eines regulären Straßenzugs, welches im Abstand von zwei Parzellentiefen das Gebiet erschließt. Rieß' Planung sah zehn Einzelbaukörper als konsequente Fortführung der vorgefundenen individuellen Wohnsituation auf dem Grundstück vor. Davon sind je drei Baukörper parallel der beiden Zufahrtsstraßen angeordnet. Die verbleibenden vier Baukörper, von denen je zwei parallel und um 90 Grad gedreht positioniert sind, befinden sich in zweiter Reihe und bilden einen begrünten sowie verkehrsfreien Innenhof. Die 24 Eigentumswohnungen sind als Geschoss- und Maisonettewohnungen entworfen und besitzen eine Größe zwischen 85 und 120 m². Die beiden unteren Geschosse mit den umlaufend vorgelagerten Außenbereichen und das zurückspringende dritte Geschoss mit Tonnendach lassen die Volumina zurücktreten. Das farblich variantenreiche und doch einheitliche Konzept und die Materialität schließen die Siedlung optisch zusammen. Im Jahr 1989 erhielt die Siedlung die Auszeichnung mit der GerambRose.

14. GESCHOSSBAU ST. PETER OB FREIENSTEIN

Adresse	Hohenfeldsiedlung 1a–c, 8792 St. Peter-Freienstein
Architekten	Klaus Mayr, Klagenfurt
Bauträger	Wohnungs-AG, Linz
Gebietscharakter	Siedlungsgebiet
Planung/Bau	1985 Wettbewerb
	1986 Baubeginn
	1989 Fertigstellung
Wohneinheiten	14
Gebäudecharakter	Geschossbau
Rechtsform	Eigentum

124

Der *Geschossbau St. Peter ob Freienstein* geht auf den Architekten Klaus Mayr zurück, welcher siegreich aus einem vorgeschalteten Wettbewerb hervorging. Das Ziel des Wettbewerbs war die Einbeziehung der Wohnungswerber in die Planung der Grundrisse und Freiräume. In zwei Baukörpern sind 14 Eigentumswohnungen um einen Hof situiert. Die Wohnungen erstrecken sich als Maisonette- und Geschosswohnungen über zwei Vollgeschosse und einem ausgebauten Dachgeschoss. Die privaten Außenbereiche befinden sich jeweils südöstlich bzw. südwestlich zugeordnet vor den Wohneinheiten. Die klassische Architektursprache der Siedlung mit Satteldach und formalen Holzelementen bricht teilweise in den gemeinschaftlichen Außenbereichen, in Form einer integrierten Sitzgelegenheit im Hofbereich und einer überdachten Sitzgruppe im Erdgeschoss, auf. Konstruktive Details im südwestlichen Giebelbereich erinnern an den Gedanken des Weiterbauens.

Adresse	Peterstalstraße 16–16b, 8042 Graz
Architekt	Vladimir Nikolic, Kassel
Bauherr	Interessentengemeinschaft der Wohnungswerber
Baubetreuung	ÖWG
Gebietscharakter	Wohngebiet
Planung/Bau	1985 Freie Vergabe
	1990 Baubeginn
	1992 Fertigstellung
Wohnnutzfläche	je Wohneinheit 75–120 m²
Wohneinheiten	30
Gebäudecharakter	Geschossbau
Rechtsform	Eigentum

128

129

Die unterschiedliche Erscheinung der *Energiesparsiedlung* und der benachbarten *Wohnanlage Peterstalstraße* am gemeinsamen Grundstück in Graz-St. Peter, bekannt unter der Bezeichnung *AITA-Gründe*, geht auf die Aufteilung der Planung zwischen den beiden Planungsteams Vladimir Nikolic und dem Architektenteam Richter/Gerngross zurück. Beide Aufträge wurden im Jahr 1985 frei vergeben. Baubeginn war jeweils 1990 und die Fertigstellung beider Siedlungen im Jahr 1992. Die Liegenschaft verläuft entlang der stark befahrenen Peterstalstraße mit einer südöstlichen Ausrichtung. Der westliche Gebäudetrakt, bestehend aus zwei parallel verlaufenden Gebäuderiegeln, stammt von Vladimir Nikolic. Die *Energiesparsiedlung*, die im Eigentum und als Geschosswohnbau errichtet worden ist, besitzt die Anmutung einer klassischen Zeilenbebauung mit vereinzeltem Variantenreichtum. Der thematische Schwerpunkt der Siedlung lag auf der Energieeinsparung und wurde durch einen Wohnbauforschungsauftrag begleitet. Das Ziel war die vielseitige Anwendung des Glashauses als energiesparendes Element. Die beiden unteren Geschosse in massiver Ausführung sind kombiniert mit vertikalen Stahl-Glas-Konstruktionen als Wohnraumerweiterung. Die beiden Obergeschosse heben sich farblich, konstruktiv und durch einen markanten Rücksprung ab. Das verwendete Schichtholz als Oberflächenmaterial fungiert teilweise als optische Klammer zwischen den vier Geschossen. Die 30 Eigentumswohnungen sind als Geschoss- und Maisonettevarianten mit 75 bis 120 m² ausgeführt. Südöstlich sind den Wohneinheiten parzellierte Privatgärten vorgelagert.

130

131

132

Adresse	Peterstalstraße 16c–f, 8042 Graz
Architekten	Helmut Richter/Heidulf Gerngross, Wien/Graz
Bauherr	Interessentengemeinschaft der Wohnungswerber
Baubetreuung	ÖWG
Gebietscharakter	Wohngebiet
Planung/Bau	1985 freie Vergabe
	1990 Baubeginn
	1992 Fertigstellung
Wohnnutzfläche	je Wohneinheit 75–120 m²
Wohneinheiten	13
Gebäudecharakter	Geschossbau in Kombination mit Reihenhaus
Rechtsform	Eigentum

133

134

Die *Wohnanlage Peterstalstraße* liegt am gemeinsamen Grundstück in Graz-St. Peter und somit in direkter Nachbarschaft mit der *Energiesparsiedlung* Graz und unweit der Terrassenhaussiedlung. Die Beplanung des Grundstücks, bekannt unter der Bezeichnung *AITA-Gründe*, teilten sich der deutsche Architekt Vladimir Nikolic und das steirisch-wienerische Architektenteam Richter/Gerngross. Die Auftragsvergabe erfolgte 1985 getrennt an beide Büros. Die Bauphase beider Projekte begann 1990 mit zeitgleicher Fertigstellung im Jahr 1992. Das Grundstück entwickelt sich südlich der stark befahrenen Peterstalstraße mit südöstlicher Ausrichtung. Der östlich quer angeordnete Trakt stammt vom Architektenteam Gerngross/Richter. Die Anlage versteht sich als Neuinterpretation einer Reihenhausanlage. Die 13 Wohneinheiten zwischen 75 und 120 m² erstrecken sich auf das zwei- bzw. dreigeschossige Gebäude mit interessantem Variantenreichtum. Die Offenheit der Außenbereiche in Form von Gartenflächen, Balkonen und Dachterrassen lassen dies auch für die räumliche Gestaltung der Grundrisse vermuten. Die Anlage, errichtet in Leichtbauweise mit statisch ausgebildeten Betonscheiben, stellt gekonnt einen Übergang zur locker bebauten und parzellierten damaligen Bestandsnachbarschaft her. Im Zuge der Planung und Umsetzung konstituierte sich eine Interessentengemeinschaft der späteren Wohnungseigentümer.

135

136

137

17. WOHNBEBAUUNG HAUSMANNSTÄTTEN

Adresse	Pflugweg 14–24, Preit-Äcker-Weg 5–18, 8071 Hausmannstätten
Architekten	Helmut Croce, Ingo Klug, Graz
Bauträger/Auslober	Gemeinnütziges Steirisches Wohnungsunternehmen, Frohnleiten
Gebietscharakter	Siedlungsgebiet
Planung/Bau	1985 geladener Wettbewerb (4 Teilnehmer)
	1986 Planungsbeginn
	1991 Baubeginn
	2002 Fertigstellung
Wohnnutzfläche	je Wohneinheit 50–100 m²
Wohneinheiten	80
Gebäudecharakter	gemischte Bauweise
Rechtsform	Eigentum und Mietkauf

138

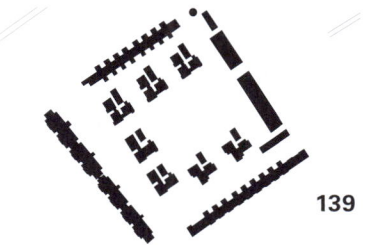

139

Die *Wohnbebauung Hausmannstätten* liegt im Siedlungsgebiet des Ortes Hausmannstätten südöstlich von Graz. Die beauftragten Architekten Helmut Croce und Ingo Klug gingen aus einem geladenen Wettbewerb mit vier Teilnehmern hervor. Der Wettbewerb im Jahr 1985 wurde in Zusammenarbeit mit der Gemeinde Hausmannstätten mit dem Gemeinnützigen Steirischen Wohnungsunternehmen Frohnleiten und auf Initiative des *Modell Steiermark* ausgearbeitet. Der Wettbewerb sah eine Verbauung des Grundstücks in einer Mischform von Geschossbauten und Einfamilienhäusern vor. Nach der Prämierung des Siegers war die Beteiligung der zukünftigen Bewohner angestrebt. Die Realisierung erfolgte über einen Zeitraum von fast 20 Jahren in sechs Bauabschnitten mit insgesamt 80 Wohnungen und differenzierten Haustypen. Entlang der Erschließungsstraße entstand eine Randbebauung mit Maisonettewohnungen in Kombination mit Geschosswohnungen. Im Inneren der Siedlung befinden sich kleinere Punkthäuser mit je drei gekoppelten Maisonettewohnungen, die um eine begrünte und für alle Bewohner zugängliche, verkehrsfreie Freifläche gruppiert sind. Die Größe der Wohnungen variiert zwischen 60 und 130 m². Die Gebäude weisen eine Geschossigkeit zwischen zwei und drei Stockwerken auf. Der inoffizielle Name „Grüne-Dächer-Siedlung" referenziert auf die markante Farbgebung der Dächer, welche sich mit ihren deutlich ausgebildeten Dachüberständen und in Kombination mit der durchgängig weißen Fassadengestaltung in den umliegenden Gebietscharakter eigenständig und doch wohltuend einbetten. Die systematisch angeordneten ausgekreuzten Brüstungs- und Fensterelemente bilden zusätzlich eine optische Klammer für die verschiedenen Gebäudetypen. Einblicke und Durchgänge lassen die Siedlungen offen und durchlässig erscheinen und gliedern die Außenräume mit abwechslungsreichen Spannungen und Qualitäten.

140

141

142

18. GENERATIONSTÜRME GRAZ

Adresse	Neufeldweg 44–44e, 8042 Graz
Architekten	Günther Domenig, Manfred Partl, Graz
Bauherr	Interessentengemeinschaft der Wohnungswerber
Baubetreuung	ÖWG
Gebietscharakter	Wohngebiet
Planung/Bau	1986 Baubeginn
	1988 Fertigstellung
Wohnnutzfläche	je Wohneinheit 70–120 m²
Wohneinheiten	34
Gebäudecharakter	Geschossbau
Rechtsform	Eigentum

143

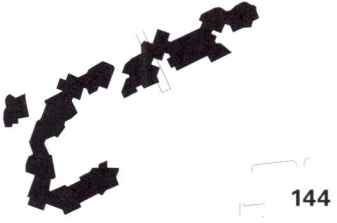

144

Die Wohnanlage *Generationstürme* am Neufeldweg am südlichen Rand des Stadtteils Jakomini erhielt seinen Namen durch den thematischen Schwerpunkt der Siedlung. Der direkt beauftragte Architekt Günter Domenig und sein Projektpartner Manfred Partl legten bei der Konzeptionierung ihr Augenmerk auf die Frage des Generationswechsels und den damit eventuell verbundenen Konflikten im Zyklus einer Familie und seinen Auswirkungen auf die Wohnung. Entstanden ist ein Geschosswohnbau mit 34 zweigeschossigen Einheiten, die je in zwei separat funktionierende Einheiten trennbar sind. Das Gebäudekonzept folgt dem strukturalistischen Ansatz der Trennung zwischen Primär- und Sekundärstruktur. Die Primärstruktur stellt ein nach außen sichtbares Stahlbetonraster dar, welches verschiedene räumliche Konfigurationen als Sekundärstruktur wie z. B. Balkone und Treppensysteme aufnimmt. Die einzelnen Gebäudeteile der viergeschossigen Baukörper sind locker miteinander gekoppelt und versetzt, so dass abgeschirmte Privatfreibereiche entstehen. Das Gebäudeensemble mit den drei einzelnen Baukörpern verläuft ausgehend vom Neufeldweg mit dem Gelände südwestlich abfallend auf dem schmalen Grundstück und formuliert durch die südwestliche Ausbildung einer U-Form eine hochwertige Situation als durchgrünte gemeinschaftliche Freifläche. Die außen liegenden Treppen dienen als Gestaltungselement und erlauben vielfältige Rundblicke. Die Mitbestimmung der zukünftigen Bewohner im Rahmen der Planung und des Baus wurde über eine Interessensgemeinschaft der Bewohner organisiert. Im Jahr 1988 erhielt die Siedlung die Auszeichnung mit der GerambRose.

Adresse	Enzianstraße 25–31, 8790 Eisenerz-Münichtal
Architekten	Gruppe 3 (Nikolaus Schuster, Herfried Peyker, Werner Nussmüller), Graz
Bauträger	WAG Linz
Gebietscharakter	Siedlungsrandgebiet
Planung/Bau	1986 Wettbewerb
	1989 Fertigstellung
Wohnnutzfläche	je Wohneinheit 90–100 m²
Wohneinheiten	12 + 1 Seelsorgestelle
Gebäudecharakter	Geschossbau

148

149

Das Grundstück dieser Wohnanlage liegt nordwestlich des Ortes Eisenerz und grenzt unmittelbar an eine Siedlung aus dem Zweiten Weltkrieg an. Bauträger dieser Anlage war die WAG Linz. Neben dem Wohnbau selbst zählt auch eine Seelsorgestelle im Westen des Grundstücks zu dem Projekt. Der Bau geht auf einen Wettbewerb des *Modell Steiermark* im Jahr 1986 zurück, den die Architekten der Gruppe 3, bestehend aus Werner Nussmüller, Herfried Peyker und Nikolaus Schuster, für sich entscheiden konnten. Bereits im Wettbewerbsentwurf sahen die Architekten ein Mitbestimmungsrecht der zukünftigen Bewohner durch die dezidierte Nichtplanung der Fassade vor. Den Entwurf der Fassade ließen sie bewusst offen, um später während der partizipativen Planung auf die Bedürfnisse der Bewohner gezielt reagieren zu können. Ebenfalls wurden in der Planungsphase die Grundrisse der 12 Einheiten gemeinsam mit den zukünftigen Bewohnern entwickelt. Das Gebäude ist eine Kombination aus verschiedenen Maisonettewohnungstypen, welche dreigeschossig sowie mit ebenerdigem Zugang und einer Fläche zwischen 90 und 100 m² in einem langgestreckten Baukörper untergebracht sind. Begleitend zu den planerischen Besonderheiten tritt die Architektur nicht zuletzt aufgrund der gewählten Farbigkeit markant und selbstbewusst hervor. Die Materialwahl der Fassade trafen die Bewohner eigenständig, jedoch nicht einvernehmlich mit dem Bauträger. Der zweite geplante Bauabschnitt, der direkt westlich angrenzt, kam nicht zur Ausführung. In der gemeinsamen Aufgabenstellung im Zuge des Wettbewerbs wurde der Seelsorgestelle eine erweiterte Funktionalität vergeben, indem das Gebäude als Gemeinschaftshaus für die gesamte umgebende Bewohnerschaft dienen soll. Die Formensprache reduziert sich daher auf einige sakrale Elemente und hat eine offene, lichtdurchflutete Raumkonzeption zur Basis.

150

151

152

20. WOHNBAU CARL-SPITZWEG-GASSE GRAZ

Adresse	Otto-Löwi-Gasse 18–42, 8047 Graz
Architekten	Volker Giencke, Graz
Bauherr	Miteigentümergemeinschaft Carl-Spitzweg-Gasse MEG
Gebietscharakter	Wohnmischgebiet
Planung/Bau	1987/88 Planungszeitraum
	1992 Baubeginn
	1993/94 Fertigstellung
Wohnnutzfläche	3880 m²
Wohneinheiten	49
Gebäudecharakter	Geschossbau
Rechtsform	Eigentum

153

154

Das Grundstück des *Wohnbaus Carl-Spitzweg-Gasse* liegt im Südosten von Graz im Bezirk St. Peter und in zweiter Reihe der stark frequentierten St.-Peter-Hauptstraße. Der Wohnbau wurde seitens des *Modell Steiermark* im Jahr 1987 als nationaler Wettbewerb unter dem Motto „Kostengünstiges Bauen im sozialen Wohnbau" ausgeschrieben. Der Grazer Architekt Volker Giencke ging als Sieger hervor und resümierte: „Es war die Absicht, mit aktuellen, modernen, zeitgemäßen Mitteln einen Wohnwert zu erreichen, der sich nicht mit der allseits angestrebten Biedermeier-Gemütlichkeit duellieren muss." Die realisierte Siedlung besteht aus 49 Wohneinheiten, welche in zwei langgestreckten, zueinander keilförmig angeordneten Gebäuden untergebracht sind. In den viergeschossigen Gebäuden befinden sich in den unteren beiden Geschossen Etagenwohnungen. Die beiden oberen Geschosse sind als Maisonettewohnungen mit jeweils einem Dachgarten konzipiert. Zunächst wurde das Projekt einer Wohnbaugenossenschaft übertragen. Durch Diskrepanzen in der Entwurfs- und Einreichphase zwischen dem Architekten und der Baugenossenschaft erging das Angebot des Grundstückskaufs an die künftigen Wohnungseigentümer. Diese formierten sich spontan in einem Verein. Die zweijährige Planungs- und Bauphase stärkte und prägte das Gemeinschaftsgefühl in der Siedlung. Das Ergebnis dieser qualitativen Auseinandersetzung ist eine Ausführung über dem Standard herkömmlicher Wohnbauten dieser Zeit. Mitsprache erhielten die zukünftigen Bewohner hinsichtlich der Grundrisse, Freibereiche, Individualräume und in der Fassadengestaltung. Resultierend aus diesem Prozess sind speziell an der Südfassade beider Gebäudetrakte die verschiedenen Bedürfnisse und Wünsche der Bewohnerschaft nach außen ablesbar. Die Nordfassade ist mit markantem Schiffsholz verkleidet, dessen Verwendung für den Baubereich eigens für das Projekt genehmigt wurde. Giencke bilanzierte, dass „eine außerordentliche Architektur im Wohnbau momentan und überhaupt nur durch Selbstverwaltung und Selbstverantwortung zu verwirklichen ist."

Adresse	Kohlbachgasse 1–8, 8047 Graz
Architekt	Eilfried Huth, Graz
Bauherr	Interessentengemeinschaft der
	Wohnungswerber
Baubetreuung	GWS
Gebietscharakter	Wohngebiet
Planung/Bau	1988–1990 Beteiligungsplanung mit den
	Nutzern
	1988 Baubeginn
	1991 Fertigstellung
Wohnnutzfläche	je Wohneinheit 70–100 m²
Wohneinheiten	86, davon 56 Split-Level-Wohnungen,
	30 Geschosswohnungen
Gebäudecharakter	Geschossbau
Rechtsform	Eigentum

158

159

Die von Eilfried Huth geplante *Wohnanlage Ragnitz III* lässt äußerlich, im Vergleich z. B. zur Eschensiedlung in Deutschlandsberg, kaum Huth's Stellung in der Debatte und Ausformulierung des partizipativen Wohnbaus in der Steiermark erkennen. Der Entwurf geht zurück auf den ersten Preis in einem Gutachterverfahren mit acht Teilnehmern. Die Anlage im Grazer Bezirk Ries besteht aus acht Einzelbaukörpern, angeordnet in vier Parallelreihen zu je zwei Gebäuden und der Hanglage nach Süden folgend. Die Aufschließungsstraße verläuft zentral durch die Anlage. Innerhalb der 86 Eigentumswohnungen gibt es eine Varianz von Split-Level- und Geschosswohnungen mit einer Größe zwischen 70 und 100 m². Als markantes Gestaltungsmittel treten entlang der viergeschossigen Baukörper die „Rampengalerien" vor, welche eine fußläufige Verbindung zwischen den einzelnen Gebäuden im ersten Obergeschoss und der Tiefgarage herstellen. Der Philosophie Eilfried Huths folgend fand die Mitbestimmung und Äußerung der unterschiedlichen Bedürfnisse der zukünftigen Bewohner ihre Berücksichtigung in Einzel- und Gruppengesprächen mit dem Architekten. Hierbei konnte sowohl auf die Grundrisse als auch auf die Ausgestaltung der Außenbereiche Einfluss genommen werden. Die gestalterische Ausformulierung der Bewohnerbedürfnisse und deren Ablesbarkeit am Gebäude tritt in diesem Projekt im Vergleich zu anderen Projekten Huths dezent zurück.

Adresse	Bergmannstraße 10, 8774 Mautern
Architekten	Riegler Riewe, Graz
Bauträger	Gemeinnützige Siedlungsgenossenschaft der
	Arbeiter und Angestellten in Leoben-Donawitz
Gebietscharakter	Siedlungsrandgebiet
Planung/Bau	1988 Wettbewerb
	1988–1990 Planung
	1991 Fertigstellung
Wohneinheiten	12 geplant, 6 realisiert
Gebäudecharakter	Geschossbau
Rechtsform	Eigentum

163

164

Das Projekt *Wohnbebauung Mautern* geht auf einen Wettbewerb zurück, welchen das Grazer Architekturbüro Riegler Riewe für sich entscheiden und somit seinen ersten Wohnbau realisieren konnte. Geprägt sind beide Architekten von ihrer Mitarbeit an verschiedenen Wohnbauprojekten im Büro Szyszkowitz+Kowalski. Die von Riegler Riewe entworfene Wohnbaustruktur strahlt eine unverkennbar neue und eigenständige Architektursprache aus, welche sie später in ihren öffentlichen Bauten verfeinert haben.

Das langgestreckte Grundstück der Siedlung liegt am Anfang eines ansteigenden Seitentals nördlich des fußläufig erreichbaren Ortskerns von Mautern. Die Architekten situierten vier Körper – zwei davon jeweils gekoppelt zwischen dem am Grundstück verlaufenden Bach und der Straße. Somit hätte sich eine Hofsituation, welche die Bebauungsstruktur des Ortes abschließt, ergeben. Im Zuge der Planung und Umsetzung des Projektes kam der östliche Gebäudeteil nicht zur Ausführung. Realisiert wurden sechs Wohneinheiten in zwei leicht zueinander versetzten Gebäudeteilen. Die überwiegende Zweigeschossigkeit mit Flachdach endet im Norden mit einem dreigeschossigen Bauteil mit Pultdach. Die Fassade ist Ton in Ton mit einer Mischung aus Putz, Sichtbeton und Eternitplatten schlicht gestaltet. Horizontale Elemente gliedern die Hauptfassade des zweigeschossigen Trakts. Im Laufe der Jahre kam es durch die Bewohner zur farblichen Umgestaltung einiger Eingangsbereiche. Die verbliebene Freifläche durch die Nichtrealisierung des zweiten Baukörpers wird heute von der Bewohnerschaft als private Garten- und Grünfläche intensiv genutzt.

Adresse	Engelweingartenstraße 14, 8510 Stainz
Architekt	Manfred Partl, Graz
Bauträger/-leitung	ÖWG, Graz
Gebietscharakter	Siedlungsgebiet
Planung/Bau	1988 geladener Wettbewerb (5 Teilnehmer)
	1989 Planungsbeginn
	1990 Baubeginn
	1991 Fertigstellung
Wohnnutzfläche	je Wohneinheit 50–100 m²
Wohneinheiten	40
Gebäudecharakter	Geschosswohnbau
Rechtsform	Eigentum

168

169

Am südwestlichen Rand der Gemeinde Stainz entwickelt sich diese Siedlung als Ausläufer einer klassischen Geschossbebauung ganz eigenständig. Aus einem geladenen Wettbewerb mit fünf Teilnehmern ging der Grazer Architekt Manfred Partl als Sieger hervor. Sein Entwurf sah eine Anordnung der Gebäude um einen kreisförmig angelegten, begrünten sowie autofreien Innenhof vor. Aufgebrochene drei- bis viergeschossige Baukörper, entworfen in zwei verschiedenen Geschossbautypologien, bilden das farbenfroh leuchtende Ensemble dieser Siedlung. Zum einen erstrecken sich zwei miteinander gekoppelte Baukörper entlang der östlichen und südlichen Seite des Grundstücks und bilden eine Einheit. Zum anderen stehen jeweils zwei eigenständige Volumina vis à vis und begrenzen den gemeinsamen Innenhof.

Die 40 Wohnungen mit einer Größe zwischen 50 und 100 m² sind ein- und zweigeschossig ausgeführt. Sie weisen eine zweiseitige Belichtung bei einer Gebäudetiefe von sechs Metern sowie jeweils zugeordnete ebenerdige Freibereiche oder Dachterrassen auf. Hofseitig treten die Stiegenhäuser mit ihrer silberglatten Oberfläche stark hervor. Auf der straßenseitig zugewandten Fassade erscheinen die abgerundeten, herausgedrehten und aufgesetzten Volumina besonders markant. Neben den verglasten Elementen im Bereich der Erschließung verleiht das aufgeständerte Dach der Anlage zusätzliche Leichtigkeit.

170

171

172

24. WOHNBAU APFELBAUMGARTEN WILDON

Adresse	Allerheiligen bei Wildon 261–266, 8412 Wildon
Architekt	Hubert Rieß, Graz
Bauherr	Errichtergemeinschaft Trautes Heim
Gebietscharakter	offenes Siedlungsgebiet
Planung/Bau	1988 Wettbewerb
	1990 Baubeginn
	1992 Fertigstellung
Wohneinheiten	8
Gebäudecharakter	Kombination Reihenhaus und Geschossbau
Rechtsform	Eigentum

173

174

Das Projekt *Wohnbau Apfelbaumgarten* befindet sich in der Ortschaft Allerheiligen bei Wildon süd-östlich von Graz. Der Architekt Hubert Rieß ging siegreich aus einem im Jahr 1988 ausgelobten Wettbewerb hervor. Rieß' Entwurfsziel war die zeitgemäße Interpretation von ländlichem Woh-nen in Kombination mit Wohnen in der Landschaft. Sein Entwurf der sieben Einzelgebäude sah einen behutsamen Umgang und die Rücksichtnahme auf den vorgefundenen Apfelbaumbestand am Grundstück vor. Die Bäume sollten mit den Gebäuden eine Einheit bilden und verschiedene Freiräume aufmachen bzw. abgrenzen. Mit dem natürlichen Gelände verlaufend stufte Rieß in Hangrichtung die Gebäude terrassenförmig Richtung Süden ab. In Kombination mit der südöstli-chen bzw. südwestlichen Ausrichtung der Gebäude entstand eine gelungene Einbettung der ver-dichteten Siedlung als Fortführung der bestehenden Bebauungsstruktur. Das Wohnen mit und in der Natur ist nicht zuletzt der autofreien Gestaltung der Siedlung zu verdanken. Gemeinschaftliche Freiflächen umspielen die Gebäude und finden ihren Höhepunkt in der südlich am Grundstück gelegenen Gemeinschaftstenne. Hier befinden sich die gemeinschaftlichen Möglichkeiten der Bewohnerschaft für Lagerung, Reparatur und Spiel. Im Mitbestimmungsprozess nahmen die zu-künftigen Bewohner Einfluss auf die Anordnung der verschiedenen Raumfunktionen innerhalb der Wohneinheit und die Position der eigenen Freiflächen. Konzeptionell weist das Projekt große Ähnlichkeit mit der von Rieß zeitgleich errichteten Siedlung Tannhofgründe II in Graz-Mariatrost auf und lässt ebenso den besonderen Charme der Wohnsiedlungen des Architekten erkennen.

Adresse	Judendorfer Str. 2–6, 8700 Leoben-Judendorf
Architekten	Manfred Zernig, Graz
Bauträger/-leitung	Gemeinde Leoben
Gebietscharakter	Siedlungsgebiet
Planung/Bau	1988 geladener Wettbewerb (5 Teilnehmer)
	1988 Planungsbeginn
	1989 Baubeginn
	1994 Fertigstellung
Wohnnutzfläche	je Wohneinheit 75–85 m^2
Wohneinheiten	50
Gebäudecharakter	Geschossbau
Rechtsform	Miete

178

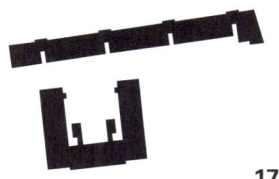

179

Der *Wohnbau Leoben* liegt im Stadtteil Judendorf der Stadt Leoben. Das Projekt des Architekten Manfred Zernig geht auf einen geladenen Wettbewerb mit fünf Teilnehmern im Jahr 1988 zurück, aus dem er siegreich hervorging. Die Siedlung ist ein Beispiel für die Mietprojekte, welche durch das *Modell Steiermark* initiiert worden sind. Die insgesamt 50 Wohneinheiten ordnete Zernig in zwei Gebäuden auf dem langgestreckten rechteckigen Grundstück. Das nördliche Gebäude entspricht der Typologie eines Zeilengeschosswohnbaus. Dem Geländeverlauf folgend, entwickelt es sich von einer Dreigeschossigkeit im Westen bis hin zu einem fünfgeschossigen Bauvolumen am östlichen Ende des Bauvolumens. Die schlicht gehaltene Nordseite mit gerasterter Lochfassade und weißem Putz steht im Kontrast zur farblich und strukturell durch Balkonbereiche und Einschnitte im Bereich der Stiegenhäuser belebten Südfassade. Die Einheit der beiden Gebäude als Siedlung scheint aufgrund der vorangeschrittenen Sanierung des südlichen Gebäudes kaum mehr erkennbar. Das südliche Bauwerk, in seinem Bauvolumen gleich, entwickelt sich kompakt um einer Innenhof und lässt somit im Südosten eine großzügige Freifläche als parkähnliche Anlage entstehen. Die Wohneinheiten sind als Geschosswohnungen mit zugeordneten Außenbereichen in Form von Balkonen angelegt. Die Grundrisse weisen eine Fläche zwischen 75 und 85 m^2 auf. Die Umsetzung der Siedlung erfolgte aufgeteilt auf die beiden Gebäude in zwei Bauabschnitten ab 1989.

180

181

182

Adresse	Buchberggasse 13f+13g , 8700 Leoben-Leitendorf
Architekten	Team A Graz (Franz Cziharz, Dietrich Ecker, Herbert Missoni, Jörg Wallmüller)
Bauträger	ESG Villach
Gebietscharakter	Siedlungsgebiet
Planung/Bau	1989 geladener Wettbewerb (6 Teilnehmer)
	1989 Planungsbeginn
	1992 Baubeginn
	1993 Fertigstellung
Wohnnutzfläche	je Wohneinheit 50–120 m²
Wohneinheiten	13
Gebäudecharakter	Geschossbau
Rechtsform	Miete

183

184

Der *Wohnbau Leoben-Leitendorf* befindet sich am südwestlichen Randgebiet der Stadt Leoben in einem gemischten Siedlungsgebiet zwischen einer Industriebrache und einem noch intakten Steinbruch. Bauträger für dieses Projekt war die ESG Villach. Der Entwurf stammt von den Architekten des Team A Graz, bestehend aus Franz Cziharz, Dietrich Ecker, Herbert Missoni und Jörg Wallmüller. Das Büro ging als Sieger aus einem geladenen Wettbewerb mit sechs Teilnehmern im Jahr 1989 hervor. Das Gebäude ist als Zeilenbau entlang der Zufahrtsstraße konzipiert. Städtebaulich markant ist der Knick des Gebäudes im nordwestlichen Teil. Die insgesamt 13 Mieteinheiten sind als Geschoss- und Maisonettewohnungen mit einer Grundrissfläche zwischen 50 und 120 m² ausgeführt. An der nördlichen Fassade treten die beiden Stiegenhäuser mit ihrer durchgehenden Verglasung hervor, welche lichtdurchflutete Eingangssituationen für die Geschosswohnungen erzeugen. Die fünf Maisonettewohnungen sind als eingeschobene eigenständige Einheiten entworfen und weisen separate Erschließungszonen auf. Die südliche Gartenfassade ist durchwegs schlicht und bescheiden gestaltet. Den privaten, klar abgegrenzten Außenbereichen vorgelagert ist eine großzügige gemeinschaftliche Freifläche, welche eine geringe Nutzungsintensität aufweist. Das Dach ist als extensiv begrüntes Pultdach mit einem vorgesetzten Glasdach entlang der südlichen Attika ausgeführt.

185

186

187

27. WOHNHAUS JOSEF-HUBER-GASSE GRAZ

Adresse	Josef-Huber-Gasse 28, 8020 Graz
Architekt	Raimund Abraham, Los Angeles
Bauherr	GWS, Graz
Gebietscharakter	Stadtgebiet
Planung/Bau	1990 Direktauftrag
	1991 Baubeginn
	1993 Bezug
Nutzfläche	907 m² Wohnfläche
	105 m² Geschäftsfläche
Wohneinheiten	11 + 1 Geschäftseinheit
Gebäudecharakter	Blockrandbebauung
Rechtsform	Eigentum

189

Ein Direktauftrag durch die GWS im Jahr 1990 ermöglichte dem Architekturabsolventen der TH Graz Raimund Abraham, sein einziges Grazer Projekt zu realisieren. Das Grundstück liegt am westlichen Ende einer Blockrandbebauung und einer südlich verlaufenden stark frequentierten Straße. Dieser schwer zu bewältigenden Lage für Wohnbau begegnete Abraham mit einer eleganten Abtreppung in der Südfassade Richtung Westen für private Außenbereiche und dem westlich vorgelagerten um 45° gedrehten Treppenturm als Schallbarriere. Die insgesamt elf Wohneinheiten und eine Geschäftseinheit im Erdgeschoss organisieren sich in sechs oberirdischen Stockwerken mit darunterliegender Tiefgarage. Die Wohnungsgröße beträgt zwischen 39 m² im Dach- und Erdgeschoss, die der großzügigen Familienwohnungen in den Zwischengeschossen bis zu 104 m². Neben der Kubatur setzt auch die Materialwahl klare Akzente zur gründerzeitlichen Nachbarschaft. Der Bereich des Stiegenhauses und der Laubengänge mit großformatigen matten Glaselementen ist als Stahlkonstruktion ausgeführt. Sie demonstrieren Offenheit und Leichtigkeit in Kombination mit der eternitvertäfelten Fassade des abgestuften Gebäudeteils. Die rote Stütze im Erdgeschoss scheint als Rufzeichen für die ungewohnte, jedoch wohltuend hervortretende Architektur des Gebäudes zu stehen. Hinsichtlich der Mitplanung und Mitgestaltung der Anlage durch die Integration der zukünftigen Bewohnerschaft in die Planung lässt dieses Gebäude Wünsche offen, da die gestalterische Sprache des Architekten klar überwiegt. Die Schaffung von Orten und der gewohnt tektonische Charakter des Bauens zeigt sich auch in diesem Projekt Abrahams, welches für die baukulturell Interessierten in Graz ein bisher unbeachtetes Juwel darstellt.

28. WOHNBAU WÖLLMISSBERG

Adresse	Wöllmißberg 9a+b, St. Martin am Wöllmißberg
Architekten	Franz Riepl mit Josef Hohensinn, Graz
Bauherr	Gemeinde St. Martin am Wöllmißberg
Gebietscharakter	Dorf
Planung/Bau	1993 Planung
	1995 Fertigstellung
Wohnnutzfläche	501 m²
Wohneinheiten	6
Gebäudecharakter	Geschosswohnbau
Rechtsform	Miete

193

194

Das Projekt *Wohnbau Wöllmißberg* stellt das letzte der im Rahmen des *Modell Steiermark* realisierten Wohnbauprojekte dar. Zugleich war es der erste Wohnbau des damals noch jungen Josef Hohensinn, der zu dieser Zeit Universitätsassistent am Institut für Landwirtschaftliches Bauwesen und Ländliches Siedlungswesen an der TU Graz unter der Leitung von Franz Riepl war.
Die kleine Ortschaft St. Martin am Wöllmißberg liegt östlich von Graz inmitten einer malerisch-hügeligen Landschaft. Das Grundstück der Siedlung liegt angrenzend an das Zentrum des Ortes und bildet zugleich den nordöstlichen Abschluss der kleinen Ortschaft. Direkt anschließend befindet sich der Sportplatz der Gemeinde, welcher im Zuge der Planung mitprojektiert wurde.
Die Siedlung besteht aus sechs Wohneinheiten, welche in zwei leicht keilförmig zueinander angeordneten Gebäuden untergebracht sind. In den beiden zweigeschossigen Volumina befinden sich teils Geschoss- und teils Maisonettewohnungen. Jeder Einheit ist ein privater Außenbereich in Form eines Balkons oder einer Loggia zugeordnet. Im Laufe der Jahre wurden diese teilweise geschlossen und werden heute als Wintergarten genutzt. Der großzügige und freiläufige Gartenbereich wird gemeinschaftlich von den sechs Mietparteien genutzt. Die Fassade weist eine rhythmisch aufgelockerte Struktur von Putz und Holzoberflächen auf, welche durch unregelmäßige Öffnungen wohltuend erscheint.

REFLEXION

[...] neue Prototypen haben immer ihre Fehler und Irrtümer, wie das bei menschlichen Unternehmungen der Fall ist. Erst vor dem moralischen Hintergrund jedoch wird erkennbar, worum es wirklich geht: um die Befreiung von Entscheidungen, die einem andere aufzwingen.

Eilfried Huth

Die Wohnbauarchitektur des *Modell Steiermark* versuchte, ein hohes Maß an Individualität zu erreichen. Planende Architekten fanden den Mut, traditionelle Wege zu verlassen und unkonventionelle Lösungen anzubieten sowie Unfertiges und Spielräume für Undefiniertes zuzulassen.[438] Die entstandene Architektur bot dadurch fruchtbaren Boden zur Diskussion. Stärkste Kritik kommt bis heute seitens der Baugenossenschaften. Das Wohnbau-Experiment des *Modell Steiermark* erstreckte sich nicht nur auf die soziale und die architektonische Ausgestaltung des Wohnbaus, sondern auch auf den konstruktiven Bereich des Bauens. Durch problematische Detaillösungen sind beispielsweise bis heute bauphysikalische Mängel an Projekten vorhanden. Daher sollte, nach Sicht der Baugenossenschaft, bei etwaigen neuen Ansätzen dieser Art, die Bautechnik ausgeklammert werden.[439]

Größter experimenteller Anteil des *Modell Steiermark* bezog sich auf die sozialen Aspekte des Wohnbaus. Die Definition des Sozialen knüpfte sich nicht nur an den wirtschaftlichen Status der zukünftigen Bewohner, sondern hatte einen gesamtgesellschaftlichen Blick. Das Mitspracherecht der zukünftigen Bewohner an ihrer unmittelbaren Wohnumwelt war ein zentrales Anliegen des *Modell Steiermark*. Dies bedeutete die Einbindung der zukünftigen Bewohner in den Planungsprozess der Siedlungen. Interaktion mit ihnen war in der Ausformulierung und Gestaltung der Siedlungen essenziell. Dieser Teil der Planung verursachte einen Mehraufwand für die Architekten. Die Kommunikation nach außen und die Moderation nach innen übernahmen meist die Architekten selbst. Im Partizipationsprozess kam es zu Unstimmigkeiten, Verständnisfragen und notwendigen Erläuterungen durch die Experten. Dies führte zu einem erhöhten Kommunikationsbedarf. Des Weiteren kam es bereits in dieser Phase zu Wechseln innerhalb der zukünftigen Bewohnerschaft. Aufgefangen und kompensiert wurde dies durch die Planer. Dabei kam es zu zeitlichen Engpässen und zur teilweisen Überschreitung der persönlichen Leistungsgrenze.[440]

[438]   Vgl. Szyszkowitz/Luser 1986, 5.
[439]   Interview mit Johann Frank, geführt von Andrea Jany, Graz, 25.11.2013.
[440]   Vgl. Interview mit Huth 30.09.2015; Gross 21.11.2013;
         Szyszkowitz+Kowalski 24.02.2015, geführt von Andrea Jany, Graz.

Die Fähigkeiten und das Verständnis des Architekten für die Bedürfnisse der zukünftigen Bewohner gelangten jedoch zu einer neuen Tiefe. Hierbei zeigten sich jedoch auch die Grenzen der Partizipation im Wohnbau, welche durch den Planer tatsächlich mitübernommen werden kann. Ein interdisziplinäres Team, also die Arbeit in einem Planungsteam mit verschiedenen Experten z. B. aus den sozial- und geisteswissenschaftlichen Bereichen könnte hier Abhilfe schaffen.

Die Mitgestaltung des eigenen Siedlungsraumes begünstigt auch in den Jahren der Bewohnung unterschiedliche Aspekte. Zum einen ist die Pflege und Instandhaltung der Grün- und Freiräume meist über die Bewohner intern geregelt. Zum anderen kommt es jedoch auch zur subjektiven Gestaltung und Aneignung, was durchaus zu Nachbarschaftskonflikten führen kann.[441] Eine Kritik durch die Bewohner an der architektonischen Ausgestaltung der Siedlungen ist nicht wahrzunehmen. Dies kann speziell in der Sache selbst liegen, da Architektur auf den speziellen Ort eingeht und sich harmonisch, aber auch selbstbewusst in die Umgebung einfügt.

Das *Modell Steiermark* versuchte mit seinen Vorgaben Einfluss auf die gesamte steirische Wohnbautätigkeit zu nehmen. „Wir würden uns durchaus wünschen, wenn diese Vorgaben mehr in die Tiefe und in die Breite gingen."[442] Die Verpflichtung zu Architekturwettbewerben bei Projekten mit mehr als fünfzig Wohneinheiten hatte dazu geführt, dass es keine Wohnbauvorhaben mit mehr als fünfzig Wohneinheiten mehr gab.[443] Dennoch konnte sich eine eigene, wenn auch sehr reichhaltige Typologie entwickeln.

Die Charakteristika des steirischen Wohnbaus waren weder einheitlich noch konsistent.[444] Als Konstante der steirischen Wohnbauarchitektur jener Zeit ist das fortlaufende Experiment als eine innovative Einlage, die ständig nach Vervollkommnung strebt, zu sehen.[445] Die Architektur der Wohnbauprojekte stellt einen eigenen Stil, einen Grazer Stil dar. In der Zeit des *Modell Steiermark* sorgte die Grazer Architekturszene weltweit für Aufsehen und wurde unter dem Begriff Grazer Schule bekannt. Die nonkonformistische Haltung der Beteiligten, die Mitbestimmung der Bewohner und die Auslobung von Architekturwettbewerben führten zu einem eigenständigen Duktus der Wohnbauarchitektur.[446] Jedes Projekt steht mit seiner eigenen Formensprache für sich. Die Formen sind „wild und zerzaust".[447] Die Wohnbauarchitektur des *Modell Steiermark* war die Absage an

[441]   Vgl. Interview mit Knaus 23.01.2015; Gößl 07.12.2014, geführt von Andrea Jany, Graz.
[442]   Schaller 1987, 17.
[443]   Vgl. ebd.
[444]   Vgl. Kozelj 1993, 290.
[445]   Vgl. ebd.
[446]   Vgl. Kozelj 1993, 290; Wilhelm 1993, 283.
[447]   Vgl. Steiner 1986, 179.

die klassische und konventionelle Form. Hinter den neuen
Formen besitzen die Projekte eine „[…] überraschende
Vielfalt an Wohnformen und
Wohntypologien". [448] Die Diversität nach außen ist auch
das gemeinsam Verbinden-
de der Projekte. Wenn auch
in den 28 Wohnbauprojekten
mit Hinsicht auf Formen, Far-
ben, Material, Außenräume
und den Städtebau schwerlich
Gemeinsamkeiten explizit vorhanden sind, so ist es im Umkehrschluss das Verbindende
der Projekte.[449] Es entwickelte

sich eine Vielfalt von Lösungen, die zum Charakteristikum des Wohnbaus in der Steiermark dieser Zeit geworden ist.[450] Der Vergleich mit
Standardprojekten dieser Zeit zeigt eine Abkehr vom standardisierten Wohnbau und den Versuch, provokativ und sensibel zugleich zu
sein. Beispielhaft seien an dieser Stelle zwei Merkmale der Wohnbauten, die Fassade und die Außenanlagen, exemplarisch herausgegriffen. Das äußere Erscheinungsbild der Wohnanlagen, ausgedrückt

[448]   Ebd.
[449]   Vgl. Wilhelm 1993, 284 f.
[450]   Vgl. ebd.

durch Fassaden und Freianlagen, lässt viel von dem genutzten Mitspracherecht der Bewohner erkennen. So gibt es z. B. unüblich angeordnete Fensteröffnungen (→**195**) oder volles Mitspracherecht beim Aussehen des eigenen Fassadenabschnitts (→**196**). Zum anderen sind die Freianlagen, in Form von Hof- und Spielbereichen, Grünflächen und die Erschließung der Wohneinheiten in den *Modell Steiermark*-Wohnbauprojekten besonders markant. Die Außenanlagen wurden z. B. als Hofflächen mit naturnahem Erholungsbereich konzipiert (→**197**) sowie die Erschließung durch zusätzlich nutzbare Außenflächen im Bereich der Wohnungszugänge (→**198**) entworfen. Die Möglichkeit der Partizipation nutzten die zukünftigen Bewohner nicht nur im Bereich der Planung. Die Mitarbeit in der Gestaltung der Außenanlagen war ein zusätzlicher Aspekt des partizipativen Prinzips (→**199**).

(197) Bernhard Hafner, Rettenbach-siedlung, Graz (1984–1989) Hofbereich mit Biotop

(198) Szyszkowitz+Kowalski, Wohnanlage Alte Poststraße, Graz (1981–1984), Laubengang

Die Organisation der Wohnbauprojekte konnte durch die aufeinander aufbauenden Erfahrungswerte in weiten Teilen einem allgemeinen Schema folgen. Dieser Prozess der Projektumsetzung lässt sich in sechs Phasen unterteilen:

1. Kontaktaufnahme mit/von Interessenten(-gruppen) direkt oder über Medien
2. Ausschreibung eines Wettbewerbes oder Gutachtens über den Arbeitskreis
3. Diskussion und Begutachtung der vorgelegten Ergebnisse durch die Bewohner
4. Erläuterungsgespräche mit ausgewählten Architekten
5. Entscheidung durch die Bewohner, Arbeitsauftrag an Architekten
6. Installation eines Bauausschusses (Mitglieder bestehen aus: Bewohnervertretern, Mitgliedern des Arbeitskreises,

(199) Bernhard Hafner, Rettenbachsiedlung, Graz (ca. 1989),
Arbeitseinsatz der Bewohner bei
der Freiflächengestaltung

Vertretern des zugezogenen Bauträgers, Architekten) =
Kontrollinstanz der gesamten Abwicklung des Projektes[451]

Die Rahmenbedingungen für die *Modell Steiermark*-Wohnbauprojek-
te waren ebenfalls in weiten Teilen für alle gleich. Hierzu zählten:

1. die Errichtung innerhalb des finanziellen Förderungsrahmens
2. das weitgehende Feststehen der zukünftigen Bewohner
   vor Planungsbeginn
3. ein umfassendes Mitspracherecht der Bewohner; Planung
   und Errichtung in Beziehung zur umliegenden Bebauung,
   der näheren und weiteren Wohnumwelt
4. der Architekturwettbewerb als zweistufiges Beurteilungsverfahren unter Einbeziehung der zukünftigen Bewohner
5. die Beauftragung der Architekten mit vollständigem Leis-
   tungsumfang für die Planung und Errichtung
6. die Tätigkeiten der gemeinnützigen Bauträger beziehen
   sich auf die rechtliche, finanzielle und förderungstechnische Abwicklung der Vorhaben (gesetzliche 3% der Baukosten)
7. die Agenden eines Hausbesorgers werden durch Eigenleistung der Bewohner erbracht[452]

[451]   Vgl. Steiner 1986, 179.
[452]   Vgl. Kompacher 1990, 25–27.

Ein gegenwärtiges Problem in den Siedlungen besteht seitens der Eigentumsverhältnisse. Die Projekte des *Modell Steiermark* sind teils in Miete, teils in Eigentum errichtet worden. Im Bereich des Eigentums kommt es zur Kapitalbindung. Bei einer Errichtung der Wohnbauten im Mietverhältnis wäre die Forderung von Ersatz- und Ausbesserungsarbeiten besser handhabbar.[453] Zusätzlich macht das gültige Eigentümergesetz es fast unmöglich, Veränderungen, die über den Bestandserhalt hinausgehen, zu realisieren, da die Zustimmung aller Eigentümer für jegliche Um- und Zubauten notwendig ist. Ansätze und Möglichkeiten der Modernisierung dieser Projekte sind im Rahmen des vom österreichischen Klima- und Energiefonds geförderten Forschungsvorhabens SONTE am Beispiel der Terrassenhaussiedlung von April 2017 bis Mai 2018 aufgezeigt und in ihrer Übertragbarkeit auf weitere Partizipationsprojekte überprüft worden. Dem ursprünglichen Ansatz der Partizipation folgend, wurden die heutigen Bewohner der Terrassenhaussiedlung in den Forschungsverlauf eingebunden. Das Einbringen erfolgte mittels Infoveranstaltungen, Workshops, Fragebögen, Vorort-Sprechstunden sowie einer Testwoche verschiedener Ideen.[454]

[453]   Vgl. Interview mit Johann Frank, geführt von Andrea Jany, Graz, 25.11.2013.
[454]   Vgl. Jany u. a. 2016.

Das Modell Steiermark entstand in einer Zeit gesellschaftlichen Umbruchs in Europa. Die Wohnbausysteme waren jedoch in starren Systemen festgeschrieben. Dies war nicht nur in Österreich der Fall. Die Kunst- und Architekturhistorikerin sowie erste Professorin der TU Graz Karin Wilhelm analysierte 1993: „[…] ein Thema der großen Weltarchitekturdebatte ist der Wohnbau zur Zeit nicht."[455]

Die Steiermark stellte jedoch laut Wilhelm die „[…] berühmte Ausnahme jenseits der Regel […]"[456] dar. Es zeigten sich Tendenzen im steirischen sozialen Wohnbau, die ihre Basis in den gesellschaftlichen Veränderungen hatten. Es waren punktuelle Aufweichungen einer jahrzehntelangen Erstarrung des Systems.[457] Die Einführung des städtebaulichen und baukünstlerischen Wettbewerbs im Wohnbau durch das *Modell Steiermark* ermöglichte ein Vergleichen von verschiedenen Ansätzen und Lösungen. Eine vertiefte Diskussion über die Bebauung, Raumordnung, Stadtgestaltung und Wohnqualität war die Folge.[458] Es entstand eine Vielfalt an Formen und architektonischen Lösungen innerhalb der *Modell Steiermark*-Projekte, welche über die Landesgrenzen hinaus große Beachtung fanden. Während international die Avantgarde ihre Entwürfe für Wohnbauten nur auf dem Papier zeichnen konnte, „[…] hatten junge Architekten in Graz die Möglichkeit zu experimentieren und durch das Bauen zu lernen", resümierte Blundell Jones 1998.[459] Zahlreiche in- und ausländische Architekten sowie Wohnbaugenossenschaften anderer Bundesländer kamen, um das *Modell Steiermark* zu studieren.[460] Weitere Bestätigung und Anerkennung erhielten die Protagonisten des *Modell Steiermark* durch die nationale und internationale Fachpresse.[461] Die Bauten von Szyszkowitz+Kowalski zogen als Erstes weltweit die Aufmerksamkeit auf sich.[462] International wurden die Wohnbauprojekte in der japanischen Fachzeitschrift *Kenchiku Bunka* (12/1984), in *A&U Architecture and Urbanism* (4/1986), in *L'architecture d'audjourd'hui*, der *Bauwelt* und in *The Architectural Review* (12/1988) publiziert.

Auch innerhalb Österreichs hatte das *Modell Steiermark* Vorbildcharakter. Die Impulse der *Modell Steiermark*-Projekte haben sich auf

[455]   Wilhelm 1993, 282.
[456]   Ebd.
[457]   Vgl. Szyszkowitz/Luser 1986, 4.
[458]   Vgl. Pumpernig/Prisching/Steinegger 1990, 154 f.
[459]   Blundell Jones 1998, 50 f.
[460]   Pumpernig/Prisching/Steinegger 1990, 154 f.
[461]   Vgl. Szyszkowitz/Luser 1986, 165; Dreibholz 1988, 35; Frühwirt, *Wohnbau in der Steiermark 1986–92* 1993, 5; Blundell Jones 1998, 31; Vries/Guttmann 2014, 10.
[462]   Vgl. Blundell Jones 1998, 41.

breiter Ebene in gesetzlichen Bestimmungen und Vorschriften nieder-
geschlagen, die eine wesentliche Verbesserung der Wohnarchitektur
in städtebaulicher, bautechnischer und gestalterischer Hinsicht her-
beiführten.[463] Die erarbeiteten Wohnbauförderungsrichtlinien wurden z. B. unter Werner Faymann, ab 1994 amtsführender Stadtrat
für Wohnbau und Stadterneuerung in Wien, übernommen.[464] Ebenso beispielhaft wirkte der Wohnbau des *Modell Steiermark* für die
seit 1984 wirksame Bestimmung der Architekturwettbewerbe in Österreich. Entscheidende Vorarbeiten für diese Wettbewerbe sind im
Rahmen der Modellwohnbauvorhaben u. a. in Markt Hartmannsdorf,
Kalwang, Eisbach-Rein und Graz geleistet worden.[465] Die Rahmen-
bedinungen der steirischen Wohnbauförderung genossen seinerzeit
hohes Ansehen. Hohe Qualität, sozial angepasste und durchgängi-
ge Kontrolle bei der Wohnbauförderung sowie architektonische Vielfalt durch vorbildliche Bauten – viele durch das *Modell Steiermark*
initiiert – waren die Aushängeschilder.[466] Auf nationaler Ebene wurden das *Modell Steiermark* und/oder ausgewählte Projekte in der
vom Bautenministerium herausgegebenen Zeitschrift *wohnbau*, in
Transparent (1970–1989) der von Günther Feuerstein gegründeten
monatliche Zeitschrift zur Chronik progressiver, reflektierender und
theoretischer Architektur in Österreich und der Fachzeitschrift der
Bundeskammer der Architekten und Ingenieurkonsulenten in Österreich *KONstruktiv* dem Fachpublikum vorgestellt.

[463]   Vgl. Dimitriou 1993, 28.
[464]   Vgl. Dreibholz 2014.
[465]   Vgl. Prisching 1986, 79.
[466]   Vgl. ebd., 7.

III

DIE WOHNZUFRIEDENHEIT

Nachdem das ausgeprägte Gesicht unserer Wohnumwelt einem architektonischen Einerlei zu weichen droht, wird uns erst wieder bewußt, dass zum Wohlfühlen auch die Einbettung in eine individuelle, mitgestaltete, „schöne" Umgebung gehört.

Manfred Prisching

WOHNEN, ZUFRIEDENHEIT UND PARTIZIPATION

Im Zusammenhang mit der Wohnzufriedenheit erscheinen zwei Wissenschaften wichtig, die sich mit dem Thema eingehend beschäftigen. Dies sind die Soziologie und die Psychologie. Beide befassen sich in ihren Teildisziplinen mit den Menschen, deren Lebensweise und sozialen Beziehungen im Zusammenhang mit gebauten Strukturen.
Im Duden finden sich zum Wort wohnen zwei Definitionen. Zum einen wird wohnen über die Wohnung definiert. Es ist der Ort, an dem man seinen ständigen Aufenthalt hat. Zum anderen bezieht sich wohnen auf einen temporären Zustand. Gemeint ist hier ein Ort, an dem man untergebracht ist und vorübergehend seine Wohnstätte findet. Etymologisch leitet sich wohnen von mittelhochdeutsch wonen und von althochdeutsch wonēn ab, dessen Bedeutungsfeld sich aufhalten, bleiben, wohnen, gewohnt sein umfasst. Es ist verwandt mit gewinnen und nach etwas trachten, gernhaben, Gefallen finden, zufrieden sein und sich gewöhnen.
Sprachgeschichtlich besteht also bereits ein Sinnzusammenhang zwischen wohnen und Zufriedenheit. Von Beginn an wurde das Wort wohnen mit den Begriffen Aufenthalt und Bleiben sowie mit Zuneigung und Zufriedenheit in Verbindung gebracht. In Ergänzung findet sich in der Bedeutungsübersicht des Begriffs zufrieden Folgendes: sich mit dem Gegebenen, den gegebenen Umständen, Verhältnissen in Einklang befindend und daher innerlich ausgeglichen und keine Veränderung der Umstände wünschend.
Die Bedeutung des Begriffs Zufriedenheit steht im Zusammenhang mit innerlich ausgeglichen zu sein und nichts anderes zu verlangen, als man hat, sowie mit den gegebenen Verhältnissen, Leistungen oder Ähnlichem einverstanden zu sein und nichts auszusetzen zu haben. In der Verknüpfung der beiden Worte wohnen und Zufriedenheit entsteht somit auf rein sprachlicher Ebene eine Steigerung der Zufriedenheit. Die Wohnzufriedenheit ist ein subjektiver Zustand der innerlichen Ausgeglichenheit an einem Ort dauerhaften Aufenthaltes. In der Sozialwissenschaft ist das Thema der Zufriedenheit eng mit dem Thema des Glücks verknüpft.[467] Eine Definition von Glück und somit auch ein indirekter Zusammenhang zur Zufriedenheitsforschung stammt von Augustinus von Hippo (354–430 n. Chr.). In seiner philosophischen Schrift *De beata vita/Über das Glück* erarbeitet er in Dialogform die Frage „Wer ist wirklich glücklich?". Seine Erkenntnis lautet, „Glück sei, das zu bekommen, was man sich wünscht".[468] In

---

[467]   Bellebaum 2002, 14; Bellebaum 1992.
[468]   Augustinus/Schwarz-Kirchenbauer, 1982,10.

der Forschung über Glück und Zufriedenheit ist diese Definition die Basis jedweder empirischen Untersuchung.[469] In der soziologischen Definition des Begriffs Wohnen findet sich weniger der Begriff Wohnen selbst denn eher das, was das soziologische Interesse an dem Zustand des Wohnens ausmacht. Der Gegenstand der soziologischen Betrachtung des Wohnens „[…] ist, was an den verschiedenen Ausformungen des Wohnens jeweils gesellschaftlich verursacht ist und was sich mit unterschiedlichen gesellschaftlichen Formationen verändert [..]".[470] Soziologisch betrachtet ist die Wohnung das Zentrum des privaten Lebens.[471]

Der Begriff Partizipation entstammt dem lateinischen Wort *participare*. In dem vorliegenden Zusammenhang entspricht es der Übersetzung: jemanden einer Sache teilhaftig machen bzw. jemanden an etwas teilnehmen lassen.[472] In seiner deutschen Bedeutung laut Duden stimmt das Wort Partizipation mit dem Sinn der Wörter teilhaben, teilnehmen und beteiligt überein. Als Synonym steht das Wort Teilnahme zur Verfügung. Kappler definiert den Begriff Partizipation als möglichst direkte Teilnahme der Betroffenen an Entscheidungsprozessen.[473] Laut Rosenstiel ist das Wort Partizipation ein Sammelbegriff für die vermehrte Berücksichtigung des Menschen in Gestaltungs- oder Entscheidungsprozessen. Gegenstand der Partizipation können „[…] eine Vielzahl von Maßnahmen, Instrumenten, Modellen, Programmen und Forderungen sein, die eine vermehrte Berücksichtigung des Menschen in der Organisation zum Gegenstand haben".[474] Verallgemeinert bedeutet Partizipation somit die Teilnahme bzw. Beteiligung an einem Prozess.

[469]   Kühne 2017.
[470]   Häußermann/Siebel 1996, 13.
[471]   Ebd., 44.
[472]   Georges/Georges 1998, Bd. 2, 1489.
[473]   Kappler 1980, 1845.
[474]   Rosenstiel 1987, 2.

HYPOTHESE ZUR WOHNZUFRIEDENHEIT

Die empirische Sozialforschung zur Erhebung der Wohnzufriedenheit folgte der Haupthypothese, dass Bewohner partizipativer Wohnprojekte im Vergleich zu Bewohnern konventioneller Wohnbauten eine höhere Wohnzufriedenheit aufweisen.

Die Protagonisten des *Modell Steiermark* bezogen sich in verschiedener Art und an unterschiedlichen Stellen auf die übergeordnete Absicht der Erhöhung der Wohnzufriedenheit im sozialen Wohnbau durch das Prinzip der Partizipation. So liest man in einer Bilanz des *Modell Steiermark* von 1986: „Die Bedeutung einer gesunden, lebenswerten Wohnumwelt und einer nach dem letzten Stand des Städtebaues, der Architektur, der Soziologie, der Psychologie, der Medizin, mit einem Wort: des menschlichen Wissens geplanter Wohnung ist für unser Wohlbefinden und das unserer Kinder von enormer Bedeutung."[475] Auch die Architekten der Werkgruppe Graz stellten in Bezug auf die Wohnhausanlage in Göss-Steigtal fest: „Wohnzufriedenheit äußert sich […] immer stärker […] in der Gesamtanlage, und auch die Gemeinschaftsanlagen (vor allem die allgemein zugänglichen Dachterrassen) werden den Berichten nach immer intensiver genutzt."[476] Das offene Eingehen auf die wechselhaften Bedürfnisse menschlichen Lebens war die Basis für die Arbeit auf dem Gebiet des Wohnbaus der damaligen Zeit.[477] „Das Ergebnis ist eine Architektur, die alle Freiheiten nützt, […], ohne das Ziel aus den Augen zu verlieren, eine erlebbare und den menschlichen Bedürfnissen angemessene Wohnumwelt zu schaffen."[478]

Gestützt wird die Haupthypothese durch das Ergebnis der dieser Arbeit zugrunde liegenden Studie *Wohnzufriedenheit und architektonische Innovation in der Steiermark seit den 60er Jahren* aus dem Jahr 2000, erstellt vom Architekten Werner Nussmüller gemeinsam mit den drei Soziologen Markus Müller, Winfried Moser und Dieter Reicher. Sie kamen zum Schluss, dass speziell die partizipativen Wohnbauten der 1980er Jahre eine überdurchschnittlich hohe Zufriedenheit der Bewohner aufweisen.[479] Schaller als Hauptverantwortlicher des Wohnbaus des *Modell Steiermark* sah den Zusammenhang mit der gebauten Umwelt und der Wohnzufriedenheit darin, dass je höher die Identifikation des Wohnungswerbers mit seiner Wohnung ist, umso weniger Kritik und umso weniger Zersiedelung entsteht.[480] Gründe

---

[475]   Prisching 1986, 98.
[476]   Freisitzer/Koch/Uhl 1987, 182.
[477]   Vgl. Luser 1986, 181.
[478]   Dimitriou 1993, 27.
[479]   Vgl. Nussmüller u. a. 2000, 151.
[480]   Vgl. Schaller 1987, 16.

der Zersiedelung sah er in dem hohen Maß der Anonymität in Groß-
siedlungsanlagen. Die Folge sei die Flucht aus der Anonymität hinaus
ins Grüne – ins eigene Haus am Waldrand.[481]

Nach einer durchschnittlichen Nutzungszeit der *Modell Steiermark*-
Siedlungen von 30 Jahren kann eine Aussage in Bezug auf die Lang-
fristwirkung des Prinzips der Partizipation getroffen werden. Ich
denke, dies kann gegenständlichen Überlegungen zur Wiederbe-
lebung der Partizipation im Wohnbau dienlich sein, aber auch den
Siedlungen selbst im Sinne einer Modernisierung erste Impulse
geben. Darüber hinaus ist die gebaute Umwelt ein langlebiges Gut.
Sie ist nicht für den Augenblick oder für eine Generation gebaut. Die
Benutzbarkeit von Wohnungen liegt im Durchschnitt bei 100 Jahren.
Eine innere Modernisierung erfolgt im Durchschnitt alle 20 bis 30
Jahre. Somit reicht es nicht aus, die Planung auf die gegenwärtige
Situation zu beziehen, da die Gesellschaft und damit auch die individuellen Ansprüche sich verändern.[482] Nach meiner Ansicht sollten
die gebauten Strukturen infolge der Wandlung der Gesellschaft einer
periodischen Untersuchung unterliegen, um dem Einzelnen, der Gemeinschaft und der Gesellschaft einen bestmöglichen Zustand bezogen auf die soziale und bauliche Ebene zu gewährleisten. Denn die
Erreichung von hoher Zufriedenheit besteht, neben dem individuellen
erstrebenswerten Zustand, auch als gesellschaftliches Ziel, um sozialen Folgeerscheinungen vorzubeugen.[483]

[481]   Vgl. ebd.
[482]   Vgl. Flade 2006, 10.
[483]   Vgl. ebd., 50.

THEORETISCHE ANSÄTZE IN DER WOHNBAUFORSCHUNG

Die Grundlagenstudie

In der Grundlagenstudie *Wohnzufriedenheit und architektonische Innovation in der Steiermark seit den 60er Jahren* wurde erstmals die Wohnzufriedenheit in Grazer Wohnbauten untersucht. Das Ziel war „[...] eine umfassende Untersuchung der Bedingungen, die für Wohnzufriedenheit ausschlaggebend sind".[484] Anhand von zwölf Grazer Siedlungen aus vier verschiedenen Jahrzehnten und drei architektonischen Philosophien erfolgte die Erstellung eines Modells zur Erhebung der Wohnzufriedenheit. Im Verständnis dieser Arbeit drückt die Wohnzufriedenheit das subjektive Empfinden der Bewohner aus.[485] Die Studie folgt der Definition der Wohnzufriedenheit als „Deckung zwischen Bedürfnissen und tatsächlicher Situation"[486] bzw. als „Übereinstimmung von Wohnvorstellungen und tatsächlichen Wohnbedingungen".[487] Des Weiteren entsteht „Wohnzufriedenheit [...] dann, wenn die aktuelle Wohnsituation dem individuellen Anspruchsniveau entspricht. Man ist also dann zufrieden, wenn die jeweiligen Vorstellungen vom Wohnen erfüllt sind."[488]

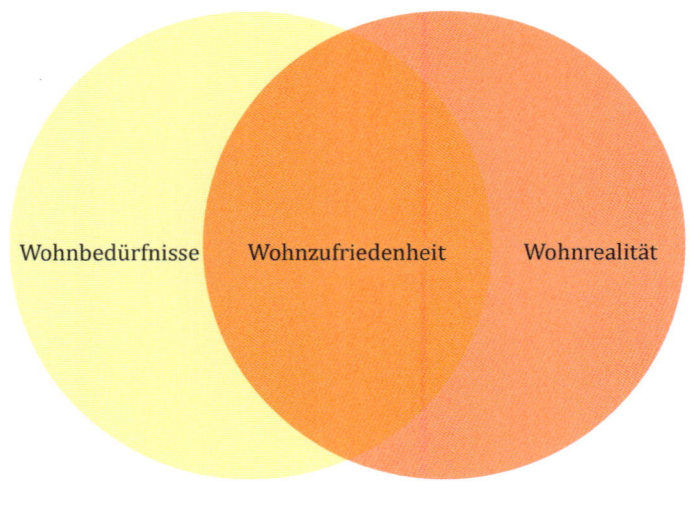

(201) Wohnzufriedenheit als Schnittmenge

[484]   Nussmüller u. a. 2000, 9.
[485]   Ebd., 10.
[486]   Ebd., 24.
[487]   Ebd., 75.
[488]   Ebd., 24.

Die Begrifflichkeit „Vorstellungen vom Wohnen" entspricht somit den Wohnbedürfnissen, wobei die „aktuelle Wohnsituation" dem Begriff Wohnrealität gleichsteht. Vereinfacht gesagt entsteht Wohnzufriedenheit somit aus der Schnittmenge zwischen den Wohnbedürfnissen und der Wohnrealität. (→**201**)

Nussmüllers Grundlagenstudie stellt die Basis für die vorliegende Wohnzufriedenheitsuntersuchung dar. Nussmüller entwickelte ein eigenes Modell zur Ermittlung der Wohnzufriedenheit. Es wurden sieben Faktoren (Reihung nach Gewichtung; 1= stärkster Einfluss) eruiert, welche Einfluss auf die Wohnzufriedenheit ausüben:

1. Zufriedenheit mit dem Grundriss
2. Probleme in der Wohnung und der Siedlung
3. Eigentumsform
4. Soziale Bindung in der Wohnanlage
5. Zeit, die aktiv zu Hause verbracht wird
6. Zufriedenheit mit Bauqualität und Ausstattung der Wohnung
7. Allgemeine Lebenszufriedenheit[489]

Des Weiteren kam die Studie zu dem Ergebnis, dass speziell die Wohnbauten der 1980er Jahre eine überdurchschnittlich hohe Zufriedenheit der Bewohner aufweisen. Begründet sahen die Autoren dies durch „[…] die starke Einbindung im Rahmen der Mitbestimmung, die (teilweise) individuelle Betreuung durch die Architekten und die experimentellen Elemente […]".[490] Das Hauptaugenmerk meiner Studie liegt auf der Aussage zur Relevanz der Mitbestimmung im Wohnbau: „Bei den Grundrissen wirkt sich die Möglichkeit der Mitbestimmung positiv auf die Wohnzufriedenheit aus: 51% aller Befragten, die bei der Gestaltung ihrer Wohnung mitreden konnten, haben eine sehr hohe Wohnzufriedenheit. Bei den Haushalten ohne Mitbestimmung sind es nur 33%."[491] Diese Aussage wird verstärkt durch den Vorschlag der Entwicklung einer Typologie von Wohnungssuchenden. Die Wohnzufriedenheit ist umso höher, je mehr die Wohnungen den Erwartungen entsprechen.[492] Dieser Ansatz entspricht dem dargestellten Zusammenhang zwischen den Wohnbedürfnissen und der Wohnrealität. Je größer die Schnittmenge dieser Bereiche ist, umso höher ist die Wohnzufriedenheit der Bewohner. Ich habe versucht, diese These durch eine eigene empirische Untersuchung der Wohnzufriedenheit von partizipativ errichteten Wohnbauten zu untermauern.

---

[489]   Vgl. Nussmüller u. a. 2000, 82.
[490]   Ebd., 151.
[491]   Ebd., 13.
[492]   Vgl. ebd., 14 f.

DIE UNTERSUCHTEN SIEDLUNGEN

Ausgehend von den zwei Vorläuferprojekten und den Projekten des *Modell Steiermark* erfolgte meine Auswahl der untersuchten Siedlungen in zwei Stufen. Zunächst fand eine Vorauswahl der Anlagen über drei grundlegende Kriterien statt:

1. Die Siedlung steht im urbanen Umfeld der Stadt Graz.
2. Die Siedlung entspricht einer Mehrparteienkonzeption (keine Einfamilienhäuser).
3. Der Zugang zum planenden Architekten ist möglich.

Meine Vorauswahl begründet sich durch den starken Zuzug in den Ballungsraum Graz. Der damit einhergehende, kontinuierlich steigende Druck auf die Wohnbauwirtschaft, entsprechende Lösungen anzubieten, fordert z. B. auch Überlegungen hinsichtlich Verdichtung. Im österreichischen Vergleich ist der Grazer Raum die Region mit dem relativ gesehen stärksten bisherigen und auch prognostizierten Bevölkerungswachstum. Bis zum Jahr 2050 wird der Stadt ein Einwohnerzuwachs von 28,2 % prognostiziert.[493] Da der Siedlungsraum der Stadt Graz ein begrenztes Flächenangebot hat, müssen zukünftige Wohnbauten hierauf mit flächensparenden Konzepten antworten. Daher habe ich die Auswahl der Projekte für die Wohnzufriedenheitsstudie auf die Mehrparteienwohnhäuser des *Modell Steiermark* eingeschränkt.

Der notwendige Kontakt zum planenden Architekten der partizipativen Siedlungen begründet sich für mich in dem grundsätzlichen Verständnis der Architekten zum Thema der Partizipation und bildet die Ausgangslage für die Planung der Projekte. In Form von Interviews mit dem Architekten sollten die damaligen Ansätze und Gedanken hinterfragt, dokumentiert und analysiert werden. Daher schienen Projekte, deren Planer bereits verstorben sind wie z. B. Günther Domenig (Generationstürme Graz), aus. Der Versuch einer Kontaktaufnahme mit dem Architekten Vladimir Nikolic (Energiesparsiedlung Graz) blieb erfolglos. Aus den verbliebenen Projekten erfolgte eine Zufallsziehung von drei Projekten, welche die Untersuchungsgruppe darstellen:

> Wohnanlage Alte Poststraße, 44 Wohneinheiten
> Wohnbau Carl-Spitzweg-Gasse, 49 Wohneinheiten
> Terrassenhaussiedlung, 522 Wohneinheiten

[493]   Vgl. Weninger/Lebhart 2016.

Die Untersuchungsgruppe der partizipativen Wohnprojekte umfasst somit 615 Wohneinheiten. Als Vergleichsgruppe wählte ich im unmittelbaren Umfeld der partizipativen Wohnsiedlungen Nachbarsiedlungen aus. Diese drei Siedlungen entsprechen dem Typus der konventionellen Wohnbauarchitektur nach dem Zweiten Weltkrieg und stellen die Vergleichsgruppe mit insgesamt 180 Wohneinheiten dar:

> Alte Poststraße 69–73, 41 Wohneinheiten
> St.-Peter-Pfarrweg 32+34, 99 Wohneinheiten
> Otto-Loewi-Gasse 6+8, 40 Wohneinheiten

Insgesamt erhob ich die Wohnzufriedenheit in sechs Grazer Wohnsiedlungen, wobei sich jeweils zwei Siedlungen in unmittelbarer Nachbarschaft befinden. Alle Siedlungen sind als Wohnungseigentum errichtet worden. Die Aussendung des Fragebogens erfolgte an insgesamt 795 Wohneinheiten.

Beschreibung der Stichprobe

Zu den im Zuge dieser Studie per Fragebogen erhobenen Daten habe ich soziodemografische Parameter der erhobenen Siedlungen ergänzend über die Statistik Graz abgefragt. Die zur Verfügung gestellten Daten beziehen sich auf das Geschlecht, die Wohnsitzqualität und die Staatsbürgerschaft der Bewohnerinnen und Bewohner in den sechs untersuchten Siedlungen. Aufgrund der Siedlungsgrößen sind diese Werte ausschließlich in zusammengefasster Form verfügbar. Im gegenständlichen Untersuchungsgebiet der sechs Siedlungen lebten zum Stichtag 1. April 2017 insgesamt 1502 Personen. Verteilt auf die beiden Siedlungstypen entspricht dies in den drei partizipativen Siedlungen 1181 Personen und in den drei konventionellen Siedlungen 321 gemeldeten Personen. Betrachtet man die Rücklaufquote von 233 ausgefüllten Fragebögen personenbezogen, so liegt die Stichprobe im Untersuchungsgebiet bei insgesamt 16 %. Im Bereich der partizipativen Wohnsiedlungen entfallen 15 % bzw. auf die konventionellen Wohnsiedlungen 17 % (→**202**). Zusätzlich habe ich eine Auswertung nach Haushalten vorgenommen. Hier liegt die Rücklaufquote insgesamt bei 29 % (→**210**).

	Gemeldete Personen	Befragte Personen	Rücklaufquote, personenbezogen
Partizipativer Wohnbau	1181 / 79 %	177 / 76 %	15 %
Konventioneller Wohnbau	321 / 21 %	56 / 24 %	17 %
INSGESAMT	1502 / 100 %	233 / 100 %	16 %

Stichtag 01.04.2017, Auskunft Statistik Graz

(202) Rücklauf personenbezogen

Alte Poststraße 69–73
Wohnanlage Alte Poststraße

St.-Peter-Pfarrweg 32+34
Wohnbau Carl-Spitzweg-Gasse
Otto-Loewi-Gasse 6+8
Terrassenhaussiedlung

● Partizipativer Wohnbau (Untersuchungsgruppe)
● Konventioneller Wohnbau (Vergleichsgruppe)

(203) Untersuchte Wohnanlagen in Graz

Wohnanlage Alte Poststraße	**Wohnbau Carl-Spitzweg-Gasse**	**Terrassenhaussiedlung**
43	49	522
1983	1994	1977
Dreierschützeng. 28–40 8020 Graz	Otto-Loewi-Gasse 18–42 8010 Graz	St.-Peter-Hauptstr. 29–35 8010 Graz

Wohn-einheiten

Erstbezug

Adresse

Alte Poststraße 69–73	**Otto-Loewi-Gasse 6+8**	**St.-Peter-Pfarrweg 32+34**
41	40	99
1952	1965	1976
Alte Poststraße 69–73 8020 Graz	Otto-Loewi-Gasse 6+8 8010 Graz	St.-Peter-Pfarrweg 32+34 8010 Graz

Wohn-einheiten

Erstbezug

Adresse

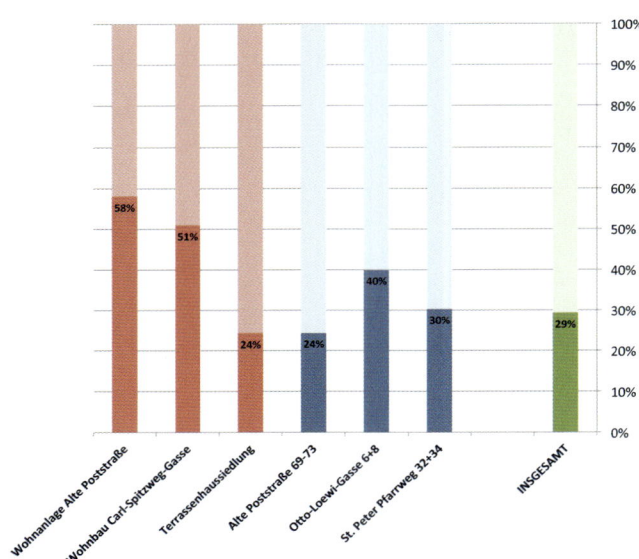

(210) Rücklaufquote nach Haushalten

Im Folgenden habe ich die Ausbildungsniveaus (→**211**), die Wohnsitzqualität (→**212**) und die Nationalitäten (→**213**) zusammenfassend
über die sechs untersuchten Siedlungen jeweils getrennt nach partizipativem und konventionellem Wohnbau analysiert.

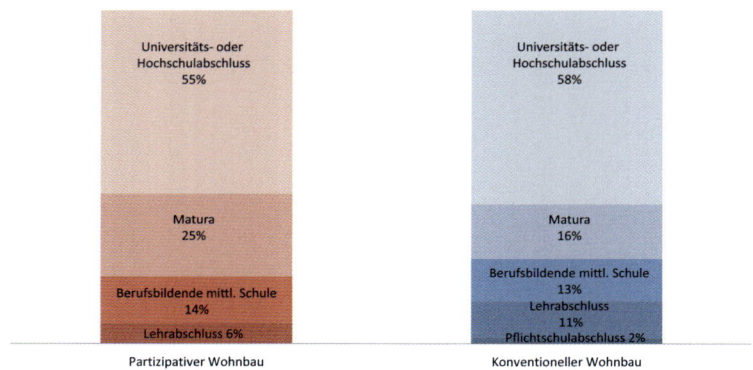

(211) Ausbildungsniveaus je
Siedlungstyp

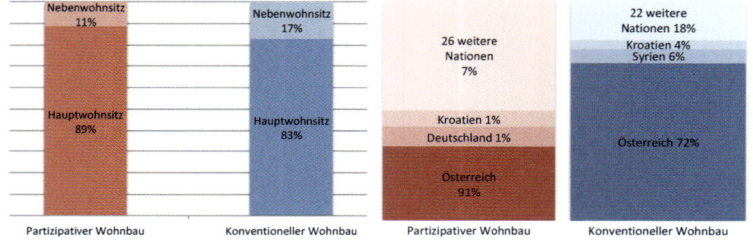

(212) Wohnsitzqualität je
Siedlungstyp

(213) Nationalitäten je
Siedlungstyp

DIE EMPIRISCHEN UNTERSUCHUNGSERGEBNISSE

Übergreifendes Ziel war die Überprüfung der Haupthypothese, dass Bewohner partizipativer Wohnprojekte im Vergleich zu Bewohnern konventioneller Wohnbauten eine höhere Wohnzufriedenheit aufweisen. Ergänzend habe ich weitere Hypothesen formuliert, folgend den aus der Grundlagenstudie ermittelten wirksamen Teilbereichen. Zusammenfassend kann gesagt werden, dass partizipativ errichtete Wohnsiedlungen zwar eine höhere Wohnzufriedenheit aufweisen, diese im Vergleich zu den konventionellen Wohnbauten jedoch nur geringfügig höher ausfällt. Auf einer Skala von 0 bis 5 zeigt sich ein Unterschied von 0,5 Punkten (**→214**). Diese Erkenntnis kann verschiedene Ursachen haben. In der Grundlagenstudie wurde auf verschiedene Bewohnertypologien und deren unterschiedliche Bedürfnisse eingegangen.[494] Somit könnte eine Schlussfolgerung sein, dass die jeweils unterschiedlichen Bedürfnisse sowohl im partizipativen Wohnbau als auch im konventionellen Wohnbau weitestgehend erfüllt werden. Im Weiteren

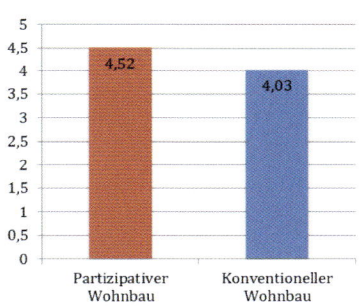

(214) Wohnzufriedenheit in beiden Siedlungstypen

könnte eine Schlussfolgerung sein, dass die Menschen, welche im konventionellen Wohnbau leben, nicht das Bedürfnis haben, in einer partizipativen Siedlung zu leben. Im Umkehrschluss haben die Menschen im partizipativen Wohnbau andere Bedürfnisse als jene im konventionellen Wohnbau und würden eine geringere Deckung ihrer Wohnbedürfnisse und ihrer Wohnrealität erleben. Die Typologie des konventionellen Wohnbaus ist am Markt weit verbreitet und das Angebot für die Menschen, deren Bedürfnisse hier ihre Deckung finden, erfolgt. Was aber wäre mit jenen Menschen, welche in den partizipativen Wohnbauten leben, wenn diese Wohnbauten nicht existierten? Wo würden diese Menschen die Erfüllung ihrer Wohnbedürfnisse in der Wohnrealität finden?
Eine weitere Ursache der ähnlichen Wohnzufriedenheiten der beiden Siedlungstypen könnte in der Lage der Wohnbauten innerhalb der Stadt Graz liegen. Der Aspekt der Beurteilung der Lage der Wohnbauten in der Stadt wurde durch die Analyse von benachbarten Wohnsiedlungen mit gleicher Infrastruktur und Anbindung innerhalb

[494]   Vgl. Nussmüller u. a. 2000, 24 ff.

der Stadt Graz berücksichtigt. Vier Siedlungen der gegenständlichen Forschung liegen in Graz-St. Peter, zwei in Graz-Lend. Beide Bezirke sind in der Wahrnehmung und Beurteilung der Grazer Bevölkerung unterschiedlich besetzt. Die Einteilung der Bezirke nach linkem und rechtem Mururfer und hie-

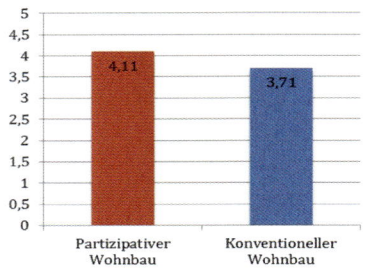

raus abgeleitet die höhere Wertigkeit der Stadtteile links der Mur lässt sich mit gegenwärtigen Immobilienpreisen bestätigen. Betrachtet man anhand der erhobenen Daten diesen Unterschied, so liegt auch hier eine geringe Abweichung innerhalb der beiden Stadtgebiete vor. Die bereits erwähnte Theorie der unterschiedlichen Bedürfnisse und deren Deckung können vermutet werden.

Neben der Haupthypothese stellte ich weitere Hypothesen auf. Diese formulierte ich angelehnt an die sieben Einflussfaktoren auf die Wohnzufriedenheit aus der Grundlagenstudie. Diese sind die Zufriedenheit mit dem Grundriss, vorherrschende Probleme in der Wohnung und der Siedlung, die Eigentumsform, die soziale Bindung in der Wohnanlage, die Zeit, die aktiv zu Hause verbracht wird, die Zufriedenheit mit Bauqualität und Ausstattung der Wohnung und die allgemeine Lebenszufriedenheit.[495] Im Anlassfall entwickelte ich weitere Subhypothesen.

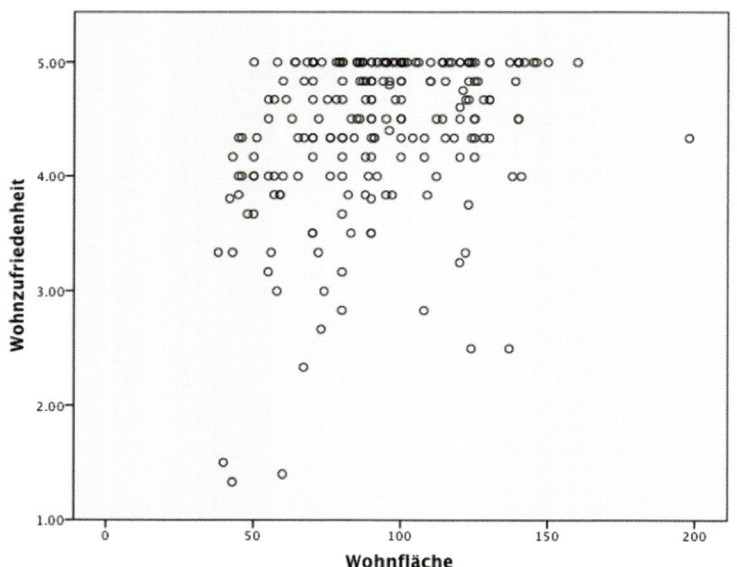

(216) Streudiagramm Korrelation Wohnzufriedenheit und Wohnungsgröße

[495]   Vgl. Nussmüller u. a. 2000, 82.

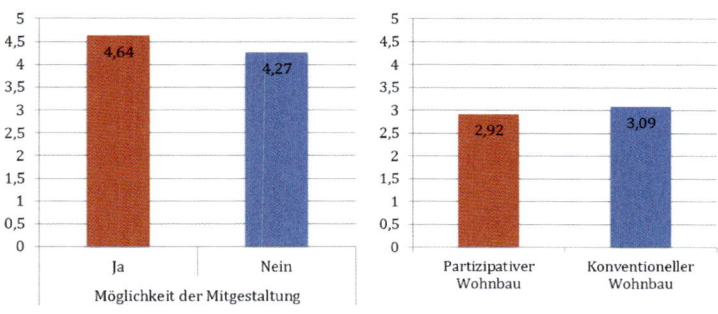

(217) Wohnzufriedenheit bei
Möglichkeit der Mitgestaltung

(218) Durchschnittliche Problem-
nennung

Abschließend überprüfte ich die theoretische Grundannahme, welche besagt, dass die Wohnzufriedenheit aus der Schnittmenge zwischen den Wohnbedürfnissen und der Wohnrealität entsteht (vgl. →**201**).

Die 1. Hypothese bezieht sich auf die Annahme, dass die Bewohner der partizipativen Wohnprojekte eine höhere Zufriedenheit mit dem Grundriss aufweisen. Diese Hypothese kann bestätigt werden (→**215**). In der Hypothese 1.1 versuchte ich die Annahme, dass größere Wohnungen zu einer höheren Wohnzufriedenheit führen, zu belegen. Hierbei bediente ich mich der Darstellung mittels eines Streudiagramms (→**216**). Diese Hypcthese kann nicht bestätigt werden, da kein eindeutiger Trend erkennbar ist. Die Hypothese 1.2 bezieht sich auf die Annahme, dass Bewohner, die bei der Gestaltung der Wohnung mitentscheiden konnten, zufriedener sind. Diese Hypothese

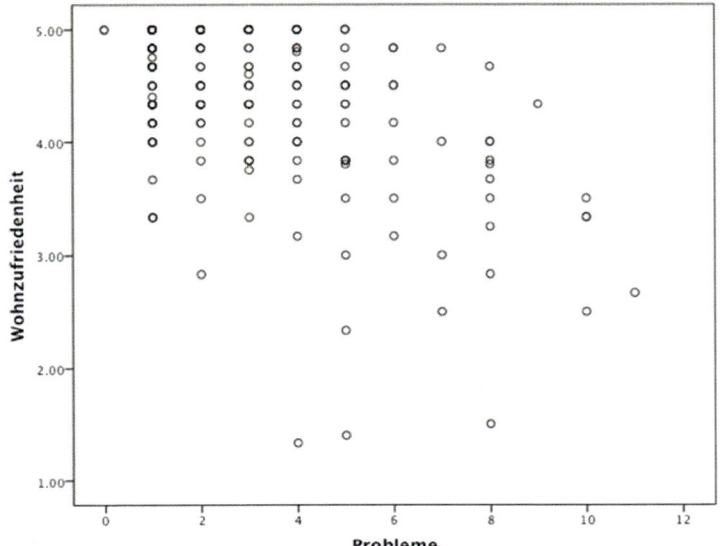

(219) Streudiagramm Wohnzufriedenheit und Probleme

kann nicht bestätigt werden, da sie statistisch nicht gegen den Zufall abgesichert werden konnte (→**217**).

Die 2. Hypothese nimmt an, dass die Bewohner der partizipativen Wohnprojekte im Vergleich zu den konventionellen Wohnprojekten weniger Probleme in der Wohnung und Siedlung haben. Diese Hypothese kann bestätigt werden (→**218**, →**219**). In der 3. Hypothese nahm ich an, dass Wohnungseigentümer eine höhere Wohnzufriedenheit als Mieter besitzen. Diese Hypothese kann ebenfalls bestätigt werden (→**220**). Die 4. Hypothese ging davon aus, dass die Bewohner der partizipativen Wohnprojekte eine stärkere soziale Einbindung in der Nachbarschaft haben. Diese Hypothese kann bestätigt werden, da die Bewohnerschaft der partizipativen Projekte auf einer Skala von 0 bis 5 eine doppelt so starke soziale Einbindung im Vergleich zu der konventionellen Bewohnerschaft aufweist (→**221**). Im Zuge der

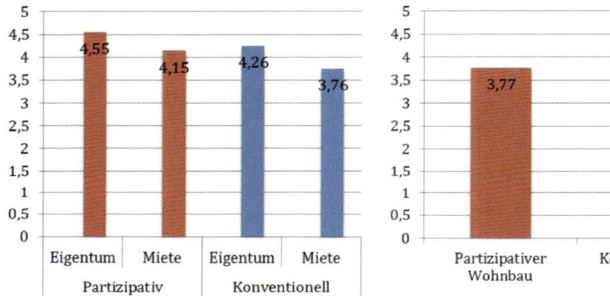

(220) Vergleich Wohnzufriedenheit und Eigentumsform

(221) Soziale Einbindung in der Nachbarschaft je Siedlungstyp

5. Hypothese wurde hinterfragt, ob die Bewohner der partizipativen Wohnprojekte weniger aktive Zeit zu Hause verbringen im Vergleich zu den Bewohnern der konventionellen Wohnprojekte. Diese Hypothese kann nicht bestätigt werden (→**222**). Die 6. Hypothese ging der Annahme nach, dass die Bewohner der partizipativen Wohnprojekte sich seltener hochwertigere Qualität bzw. Ausstattung einer eventuellen neuen Wohnung wünschen. Diese Hypothese konnte nicht gegen den Zufall abgesichert werden und kann somit nicht bestätigt werden (→**223**). Die 7. aufgestellte Hypothese nahm an, dass die Bewohner

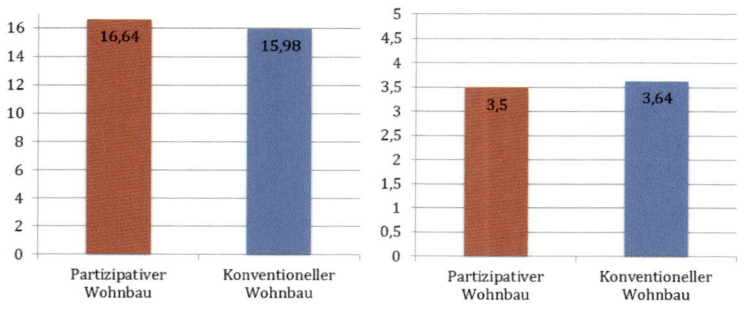

(222) Aktive Zeit zu Hause

(223) Wunsch nach hochwertigerer Qualität bzw. Ausstattung

der partizipativen Wohnprojekte eine höhere Lebenszufriedenheit besitzen. Diese Hypothese konnte nicht bestätigt werden, da sie nicht
gegen den Zufall abgesichert werden konnte (→**224**). Zusätzlich zu
den sieben Teilaspekten der Wohnzufriedenheit untersuchte ich in einer 8. Hypothese, ob die Bewohner der partizipativen Wohnprojekte
einen geringeren Wunsch nach Veränderung ihrer Wohnsituation haben. Diese Hypothese kann im Rahmen meiner Forschung bestätigt
werden (→**225**).

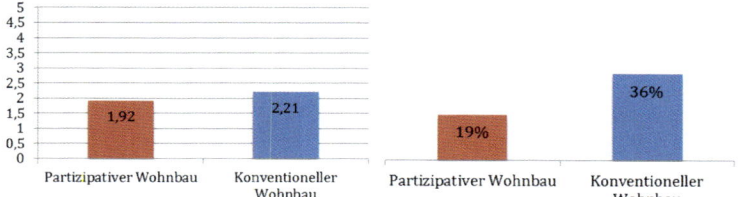

(224) Lebenszufriedenheit der
Bewohnerschaft je Siedlungstyp

(225) Veränderungswunsch der
Wohnsituation je Siedlungstyp

Abschließend wurde anhand der vorliegenden Daten die Grundannahme der gegenständlichen Theorie überprüft. Diese besagt, dass
die Wohnzufriedenheit aus der Schnittmenge zwischen den Wohnbedürfnissen und der Wohnrealität entsteht (→**201**). Das heißt, dass
die Wohnzufriedenheit umso höher ist, je mehr die Wohnrealität mit
den Wohnbedürfnissen übereinstimmt. Hierzu erfolgte eine Gegen-
überstellung der Variable Wohnzufriedenheit und der Variable Intensität der Veränderungswünsche je Siedlungstyp. Es zeigt sich, dass
bei einer geringen Intensität der Veränderungswünsche eine höhere
Wohnzufriedenheit entsteht. In den partizipativen Siedlungen liegt
eine höhere Wohnzufriedenheit bei gleichzeitig geringerer Intensität
der Veränderungswünsche vor. Die Passung bzw. Übereinstimmung
zwischen der Wohnrealität und den Wohnbedürfnissen, welche mit
der Intensität der Veränderungswünsche ausgedrückt wird, erzeugt
im Vergleich der beiden gegenständlichen Siedlungstypen eine höhere Wohnzufriedenheit (→**226**).

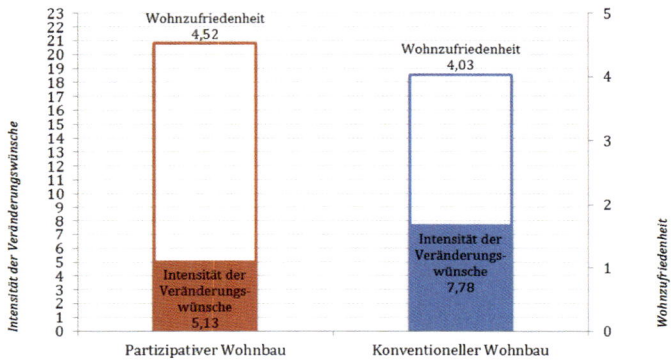

(226) Vergleich Intensität der
Veränderungswünsche und Wohnzufriedenheit

Zusammenfassung

Zusammenfassend konnte bei der Analyse der Ergebnisse die größte Abweichung zwischen den beiden Wohntypologien hinsichtlich der sozialen Einbindung festgestellt werden. Hier zeigt sich auf einer Skala von 0 bis 5 im partizipativen Wohnbau ein Wert von 3,77 und im konventionellen Wohnbau ein Wert von 1,84 (→**221**). Durch intensiven Austausch und Kontakt zwischen den zukünftigen Nachbarn während der Planungs- und Bauphase entstehen stärkere soziale Beziehungen. Durch die Tatsache des frühen Zeitpunktes des Kontaktes der zukünftigen Bewohnerschaft können gemeinsame Interessen, Einstellungen und Lebensstile abgeglichen werden. Der Aspekt der sozialen Nachhaltigkeit innerhalb der partizipativen Wohnsiedlungen kann hier vermutet werden.

Ein weiteres Ergebnis dieser Arbeit ist der Nachweis der theoretischen Grundannahme. Die Theorie der gegenständlichen Forschungsarbeit besagt, dass Wohnzufriedenheit dann entsteht, wenn es zur Passung zwischen der Wohnrealität und den Wohnbedürfnissen kommt. Hierbei ist die Wohnzufriedenheit als Schnittmenge dieser beiden Aspekte zu verstehen. Die Wohnbedürfnisse wurden durch die Intensität der Veränderungswünsche ausgedrückt. Die Theorie kann im gegenständlichen Forschungsvorhaben bestätigt werden, da die Wohnzufriedenheit höher ausfällt, bei gleichzeitig geringerer Intensität der Veränderungswünsche (→**226**).

Die Bewertung der Siedlungen aus Bewohnerperspektive erscheint im Vergleich zu formalen Bewertungssystemen, wenn auch aufwendiger, zweckhafter, da hierbei zusätzliche Qualitäten aus Sicht der Bewohnerschaft abgefragt und aufgegriffen werden können. Der Planungsansatz des partizipativen Wohnbaus verfolgt die Idee des Austauschs und der Kommunikation mit der Bewohnerschaft, dieser Ansatz sollte auch in weiteren Überlegungen und Untersuchungen innerhalb dieser Siedlungstypologie Berücksichtigung finden.

Ein möglicher Ansatz einer aufbauenden Forschung kann die Erhebung der Wohnzufriedenheit in weiteren Grazer Stadtbezirken darstellen. Des Weiteren wäre die Ergänzung weiterer Wohntypologien wie z. B. Mehrparteienhäuser der Grazer Gründerzeit und Einfamilienhäuser im Stadtgebiet für eine weitere Abschätzung hilfreich. Darüber hinaus erscheint der Aspekt der sozialen Nachhaltigkeit im Wohnbau als aufgreifbar, um weitere Forschungen auf diesem Gebiet vorzunehmen. Ebenso kann sich ein weiterer Forschungsansatz auf das demokratische Verhalten der Bewohnerschaft innerhalb der beiden Wohntypologien beziehen. An dieser Stelle kann die Vermutung ausgesprochen werden, dass Bewohner einer partizipativen Wohnsiedlung engagierter und interessierter am gesellschaftlichen Leben teilhaben und dies sich u. a. auch durch eine höhere Wahlbeteiligung ausdrücken könnte.

In der empirischen Sozialforschung bietet sich darüber hinaus der Einsatz einer anschließenden qualitativen Erhebung in dem untersuchten Gebiet an. Hieraus würden sich weitere Gründe und Folgen für verschiedene Wohnbedürfnisse im städtischen Bereich abschätzen lassen. Langfristig sollte, wie bereits in der Grundlagenstudie erwähnt, die Entwicklung eines vollständigen Lebensstilmodells des Wohnens bearbeitet werden.[496]

Aus meiner Perspektive sollte ein wesentlicher Bestandteil der zukünftigen Wohnbauproduktion die interdisziplinäre Zusammenarbeit darstellen. Dies würde nach meiner Ansicht dem steten Wandel der Gesellschaft und den damit einhergehenden sich ändernden Bedürfnisse und den Anforderungen an die gebauten Strukturen gerecht werden. Das Ziel wäre ein Wohnbau, welcher allen drei Nachhaltigkeitsebenen, das heißt die ökonomische, ökologische und soziale Ebene für den Einzelnen, die Gemeinschaft und für die Gesellschaft ermöglicht.

[496]   Vgl. Nussmüller u. a. 2000, 146.

SCHLUSSBETRACHTUNG UND AUSBLICK

Der weltweite Urbanisierungstrend ist ungebrochen. Gesucht wird neben dem Arbeitsplatz und Freizeitangeboten in erster Linie Wohnraum. Dieser unterliegt in städtischen Agglomerationen global einem kontinuierlich steigenden Marktwert, da die Nachfrage das Angebot übersteigt. Dadurch hat das Thema des leistbaren Wohnbaus in den letzten Jahren an Bedeutung gewonnen und wurde zum politischen Schlagwort im In- und Ausland. Die Befriedigung des Wohnraumbedarfs durch Schaffung von Wohnraum stellt Politik und Bauträger vor große Herausforderungen, da es nicht nur um quantitative, sondern auch um qualitative Lösungen der Wohnbaufrage geht. Ziel muss dabei sein, den unterschiedlichen Gesellschaftsschichten bedürfnisgerechten Wohnbau anbieten zu können, um ein sozial nachhaltiges Leben zu ermöglichen.

Bedürfnisse haben eine qualitative Dimension, deren Erfassung eine herausfordernde Fragestellung darstellt. Partizipation im Wohnbau kann als Experiment verstanden werden, welches sowohl großes Potenzial für neue Lösungswege als auch für eine höhere Wohnzufriedenheit darstellen kann. Durch die Möglichkeit der Mitbestimmung der zukünftigen Bewohnerschaft im Wohnbau werden deren Bedürfnisse durch den kontinuierlichen Austausch im Planungs- und Bauprozess erhoben und berücksichtigt. Dies führt zu einer Maximierung der Wohnzufriedenheit der Bewohner, die von der Mitgestaltung Gebrauch machen möchten. Zugegebenermaßen stellt dies eine Möglichkeit der Wohnraumbeschaffung dar, die nicht alle Menschen gleichermaßen anspricht, da das Prinzip der Partizipation von allen Involvierten ein höheres Engagement erfordert. Nicht alle Menschen sind bereit, dies zu tragen, dennoch sollte im Sinne einer gesellschaftlichen Diversität der Wohnungsmarkt auch dieses Segment abbilden. Daher gehört auch partizipativ errichteter Wohnbau in das Portfolio jeder Wohnungsbaupolitik. Fehlendes Mitspracherecht im Wohnbau im städtischen Gefüge in Kombination mit der Nicht-Leistbarkeit am

freien Wohnungsmarkt wird oftmalig durch den Bau des Einfamilienhauses in der Peripherie kompensiert. Hieraus resultieren stärkere
Zersiedelung des städtischen Umlandes und des ruralen Raumes und
erhöhtes Verkehrsaufkommen durch Pendlerverkehr. Des Weiteren
zieht dies Folgeaufgaben wie die Errichtung und Erhaltung der ruralen Infrastruktur nach sich. Daneben sei angemerkt, dass partizipative
Wohnbauprojekte im ländlichen Umfeld auch zu einer Neuordnung
der Raumplanung führen können. Wohnraumerrichtung im Verband
schützt Ressourcen im ökonomischen, ökologischen und sozialen
Sinn.

Von den 1960er bis Anfang der 1990er Jahre erlebte der partizipative
Wohnbau in Österreich seine Hochblüte in der Steiermark. Das *Modell Steiermark* war in Konzept und Umsetzung Vorreiter und Visionär
im sozialen Wohnbau. Entstanden aus gesellschaftlichen Ideen und
dem Ausbruch aus bürokratischen Zwängen entwickelte sich eine eigene Typologie. Entstanden ist ein experimenteller Wohnbau, welcher
sich im Vergleich zum konventionellen Wohnbau wohltuend abhebt.
Der Aspekt der sozialen Einbindung der Bewohner in ihre Nachbarschaft zeigt die stärkste Dimension des partizipativen Wohnbaus.

Seit Ende des *Modell Steiermark* ist dem Thema der Mitbestimmung
im Wohnbau bis Anfang der 2010er Jahre keine bedeutende Berücksichtigung in Österreich mehr zugekommen. Einzig das Wohnprojekt
Sargfabrik und dessen Schwesterprojekt Miss Sargfabrik in Wien sind
hier erwähnenswert. Wohlgleich entstanden im benachbarten Ausland in den vergangenen Jahrzehnten einige Wohnbauprojekte im Sinne der Partizipation und Selbstorganisation durch Baugemeinschaften
und Baugruppen. Nennenswert und Vorreiter in Sachen des partizipativen Wohnbaus in Deutschland ist die Stadt Tübingen seit Anfang
der 1990er Jahre. Hier entstanden das Französische Viertel und das
Loretto als neue Stadtquartiere mit Baugruppenprojekten. In Tübingen scheinen diese Baugemeinschaften bereits vom Experiment zum
Regelfall geworden zu sein. Weitere Baugruppenprojekte finden sich
z. B. in Hamburg, Berlin und Weimar.

Auch in der Schweiz entstanden Projekte unter dem Prinzip der Mitbestimmung. Das Projekt am Hunziker Areal der Baugenossenschaft
mehr als wohnen im Zürcher Norden steht für nachhaltiges, genos-
senschaftliches Wohnen. Die Baugenossenschaft selbst versteht sich
als Zukunftslabor für die Stadt. Die Bau- und Wohngenossenschaft
Kraftwerk1 in Zürich stellt ein weiteres, interessantes Beispiel dar.
Deren erstes Wohnbauprojekt wurde Anfang der 1990er Jahre initiativ gestartet und stellte „[...] eine Alternative zu den damals gängigen
monofunktionalen Büro- und Wohnprojekten, aber auch zum kapitalis-
tischen Wirtschaftssystem"[497] dar.

---

[497]   Vgl. Bau- und Wohngenossenschaft Kraftwerk1 2017.

Auch im außereuropäischen Raum finden sich innovative Ideen und experimentelle Ansätze im sozialen Wohnbau, wie z. B. in Chile vom Pritzkerpreisträger Alejandro Aravena. In den Siedlungen Quinta Monroy und Villa Verde entwarf er halbfertige Wohnhäuser für die Bewohner. Diese konnten später nach eigenen finanziellen Mitteln der Bewohner fertiggestellt werden. Die Idee war eine Antwort auf die finanzielle Notlage der Menschen in Kombination mit dem Grundbedürfnis Wohnen.

Im Gegensatz zu diesen Beispielen scheint die Entwicklung des österreichischen Wohnbaus festzustecken. Teure Wohnbau-Stangenware steht meist auf der Agenda. Die wesentlichen sozialen Aspekte – das, was über die Qualität eines Quartiers, des öffentlichen Raums und die Zukunftsfähigkeit entscheidet – werden nicht behandelt.[498] Lösungen mit neuen, innovativen bzw. alternativen Ansätzen in diesem Bereich beschränken sich auf lokale Einzelprojekte. In Wien wird beispielsweise am Nordbahnhof oder im neuen Stadtteil Aspern Platz für neue Wohnkonzepte eingeräumt. Erwähnenswert in diesem Zusammenhang ist das Wohnprojekt Wien in der Krakauerstraße, welches auf bemerkenswerte Weise und durch hohes persönliches Engagement der Bewohnerschaft seit 2013 bewohnt ist. Des Weiteren konnten bis zum Sommer 2017 in der Seestadt Aspern sechs Baugruppenprojekte realisiert werden. Es entwickelten sich verschiedene Modelle in Bezug auf das Zusammenleben, die Finanzierung, die Rechtsform bis zum Betrieb und Erhalt der Anlagen.[499] Die Hauptfrage, die sich im Diskurs mit den gemeinnützigen Bauvereinigungen stellt, ist, ob sich eine Zusammenarbeit zwischen ihnen und möglichen Baugruppen lohnt.[500] Meines Erachtens ist die rein wirtschaftliche Sicht auf Wohnbauprojekte unzeitgemäß. Das Wort lohnen sollte nicht nur eine rein ökonomische Dimension besitzen, sondern vor allem um die soziale Dimension ergänzt werden. Erst dadurch kann sozial nachhaltiger Wohnbau entstehen.

In den Baukulturellen Leitlinien, die im August 2017 durch den österreichischen Ministerrat beschlossen wurden, finden sich bereits neue Ansätze.[501] Der partizipative Wohnbau findet sich bereits in vielen Handlungsfeldern wieder. An dieser Stelle möchte ich auf das Handlungsfeld der Bewusstseinsbildung und Beteiligung hinweisen. So bekennt sich die österreichische Bundesregierung erstmals zur Förderung der Bewusstseinsbildung und Beteiligung zur Sensibilisierung für Baukultur und der Identifikation mit dem Ort. Die Baukulturellen Leitlinien stellten fest: „Für Planung und Umsetzung öffentlicher Bauvorhaben erweist sich die Einbindung der Öffentlichkeit als zunehmend

[498]   Vgl. Potocnik 2014.
[499]   Vgl. Gary 2017, 20 ff.
[500]   Vgl. ebd.
[501]   Vgl. Bundeskanzleramt 2017.

unverzichtbar und wertvoll."[502] Sozialer Wohnbau ist in diesem Sinne ein öffentliches Bauvorhaben, welches dieser Forderung gerecht werden kann. Als baukulturelles Erbe stellen die Wohnbauprojekte des *Modell Steiermark* einen schützenswerten Bestand dar. Das Bewusstsein sollte innerhalb der Bewohnerschaft, aber auch innerhalb der gesamten Bevölkerung herbeigeführt werden. Die 28 Wohnbauprojekte des *Modell Steiermark* sind Beispiele für nach wie vor gültige Lösungen des Bestrebens, Wohnen und Zusammenleben über die reine Unterbringung und Produktion von Quadratmetern hinaus zu gestalten. Das Experiment des Austauschs mit den Menschen birgt Risiken und Gefahren, denen sich das *Modell Steiermark* gestellt hat. Entwickelte Lösungen führten zu positiven, aber auch negativen Auswirkungen. Durch die baukünstlerischen Variationen hat die Wohnbau-Architektur des *Modell Steiermark* internationale Bekanntheit erlangt. Durch den aufgrund der Partizipation entstandenen Mehraufwand in Kombination mit den bautechnischen Experimenten ist bis heute dennoch eine negative Sichtweise darauf bestehen geblieben. Nun liegt es jedoch in der Natur der Sache, dass ein Experiment nicht immer vollständig glückt. Eines hat das *Modell Steiermark* jedoch geschafft: Möglichkeiten der Innovation im sozialen Wohnbau zuzulassen. Entscheidende Punkte in der Umsetzung waren die politische Unterstützung und der Rückhalt, persönliche und freundschaftliche Verbindungen zwischen den Planern, Politikern und der Verwaltung in Verbindung mit dem Mut aller.

Das *Modell Steiermark* als wohnungspolitisches Experiment stellt in diesem Sinne ein Beispiel für eine aktive, innovative Vorgehensweise und eine Möglichkeit zur positiven Veränderung eingefahrener Systeme dar. Kenntnis und Besinnung auf diese Konzepte können zur Triebfeder für neue Ansätze werden. Politische Unterstützung im Bereich des sozialen Wohnbaus wäre hierfür wünschenswert. Eine erneute Öffnung hin zu vermehrtem, partizipativem Wohnbau würde eine sinnvolle Ergänzung zu den konventionellen Wohnbauten darstellen. Der Beweis einer starken sozialen Einbindung der Nachbarschaft in partizipative Wohnbauprojekte nach einer langjährigen Nutzungszeit liegt vor.

Aufgrund von Neuerungen in technischer und organisatorischer Hinsicht kann ein erneuter Ansatz von partizipativem Wohnbau in der Steiermark gelingen. Dabei ist es von Vorteil, über die Hintergründe und Errungenschaften der *Modell Steiermark*-Projekte in Kenntnis zu sein. Daher sollen die Förderung bzw. Steigerung des Bewusstseins um die *Modell Steiermark*-Projekte als baukulturelles Erbe und in diesem Zusammenhang der Erhalt und die Zuführung notwendiger Modernisierungen ein Anliegen dieser Publikation sein. Die gegen-

[502]   Vgl. ebd. 2017, 12.

wärtige Situation im sozialen Wohnbau ist, mit wenigen Ausnahmen, von standardisierter Grundriss- und Fassadengestaltung und überhöhten Ausbaustandards in der Technik geprägt. Die prinzipielle Verhinderung von Eigenleistung und Mitspracherecht im Wohnbau ist in der Starrheit von Baurecht und Förderungen begründet und bietet ein breites Feld an zukünftigen Arbeitsthemen. Das offene Gespräch mit allen an der Wohnbaufrage Beteiligten ist die Voraussetzung für jedes Projekt.[503] Schließen möchte ich daher mit den Worten des steirischen Landesrates für Wohnbau Hermann Schaller, der vor 30 Jahren äußerte: „Ich verhehle […] nicht, dass ich bedrückt bin von der Monotonie im sozialen Wohnbau, vom Mangel an Phantasie. Wir haben noch ein reiches Feld von Arbeit vor uns."[504]

[503]   Vgl. Luser 1986, 181.
[504]   Schaller 1987, 17.

BIBLIOGRAFIE

Ableitinger, Alfred/Binder, Dieter A. (Hg.): *Steiermark. Geschichte der österreichischen Bundes-länder seit 1945*, Wien/Köln/Weimar 2002

Andritzky, Michael/Selle, Gert (Hg.): *Lernbereich Wohnen. Didaktisches Sachbuch zur Wohn-umwelt vom Kinderzimmer bis zur Stadt, Grundlagen, Materialien, Lernbeispiele*, Reinbek 1979

Architektur-Investitionen: *Grazer Schule, 13 Standpunkte*, Ausst.-Kat., Graz 1984

Augustinus, Aurelius/Schwarz-Kirchenbauer, Ingeborg: *De beata vita/Über das Glück.* Latei-nisch/Deutsch, Stuttgart 1982

Bau- und Wohngenossenschaft Kraftwerk1: *Kurze Geschichte der Genossenschaft*, 2017, http://www.kraftwerk1.ch/geschichte/kraftwerk1.html (27.09.2017)

Beckmann, Karen: *Urbanität durch Dichte? Geschichte und Gegenwart der Großwohnkomplexe der 1970er Jahre*, Bielefeld 2015

Bellebaum, Alfred (Hg.): *Glück und Zufriedenheit. Ein Symposion*, Opladen 1992

Bellebaum, Alfred: Glück: Erscheinungsvielfalt und Bedeutungsreichtum, in: Bellebaum, Alfred (Hg.): *Glücksforschung. Eine Bestandsaufnahme*, Konstanz 2002, 13–42

Blundell Jones, Peter: *Dialogues in Time. New Graz Architecture*, Graz 1998

Breyer-Mayländer, Thomas: *Einführung in das Medienmanagement. Grundlagen, Strategie, Füh-rung, Personal*, München 2004

Brunner, Walter/Weissmann, Rudolf: *Bomben auf Graz. Die Dokumentation Weissmann*, Graz 1989

Bundeskanzleramt, Abteilung II/4, Geschäftsstelle des Beirats für Baukultur: *Baukulturelle Leitli-nien des Bundes*, Wien 2017

Dachs, Herbert/Gerlich, Peter/Müller, Wolfgang (Hg.): *Die Politiker. Karrieren und Wirken be-deutender Repräsentanten der Zweiten Republik*, Wien 1995

Delitz, Heike: *Architektursoziologie*, Bielefeld 2015

Dimitriou, Sokratis: Warum in Graz?, in: Szyszkowitz, Michael/Luser, Hansjörg (Hg.): *Wohnbau in der Steiermark 1980–86. Bauten und Projekte*, Wien 1986, 176–177

Dimitriou, Sokratis: Geförderter Wohnbau in der Steiermark 1986–92, in: Pia Frühwirt (Hg.): *Wohnbau in der Steiermark 1986–92. Bauten und Projekte*, Wien 1993, 20–29

Domenig, Günther/Huth, Eilfried: *Domenig-Huth. Propositionen*, Graz 1969

Domenig, Günther/Huth, Eilfried: *Zum Wohnbau*, Graz 1973

Dreibholz, Wolfdieter: Aus Ideen wächst Wirklichkeit. Neue Wege im Steirischen Wohnbau, in: *politicum*, 20 (1984), 33–35

Dreibholz, Wolfdieter: Soll und Haben – Haben und Soll, in: Szyszkowitz, Michael/Luser, Hansjörg (Hg.): *Wohnbau in der Steiermark 1980–86. Bauten und Projekte*, Wien 1986, 174–175

Dreibholz, Wolfdieter (Hg.): *Steiermark wohnlich*, Graz 1988

Dreibholz, Wolfdieter/Beinstein, Ernst/Harsieber, Robert/Horx, Matthias/Mischek-Lainer, Michaela/Prix, Wolf D.: Qualitative Entscheidungskriterien für das Wohnen im urbanen Raum, 30.12.2006, www.wohnbauforschung.at/index.php?id=370, in: www.wohnbauforschung.at (06.05.2019)

Dreibholz, Wolfdieter: Wohnbau und Politik, unter Mitw. von Institut für Wohnbau, Graz 2010 (Wohnbautetris-Wohnbauvorlesungen 2010/2011), http://www.iwtugraz.at/iw/wohnbautetris.html (28.09.2016)

Ecker, Dieter/Huth, Eilfried/Peyker, Herfried: *Alternativen im sozialen Wohnbau*, Graz 1977

Eisenkolb, Luise/Richter, Peter G., Nutzungsorientierte Planung und Gestaltung gebauter Umwelten, in: Richter, Peter G. (Hg.): *Architekturpsychologie. Eine Einführung*, Lengerich ⁴2016, 359–388

Elias, Norbert: *Die höfische Gesellschaft. Untersuchungen zur Soziologie des Königtums und der höfischen Aristokratie.* Mit einer Einleitung: Soziologie und Geschichtswissenschaft, Frankfurt am Main 1983

Festinger, Leon: *A Theory of Cognitive Dissonance*, Stanford, California 1962

Fischer, Joachim/Delitz, Heike: *Die Architektur der Gesellschaft. Theorien für die Architektursoziologie*, Bielefeld 2009

Flade, Antje: Wohnen und Wohnbedürfnisse im Blickpunkt, in: Harloff, Hans Joachim/Burkhardt, Hans Günther (Hg.): *Psychologie des Wohnungs- und Siedlungsbaus. Psychologie im Dienste von Architektur und Stadtplanung*, Göttingen 1993, 45–55

Flade, Antje: *Wohnen psychologisch betrachtet*, Bern ²2006

Forschungsgesellschaft für den Wohnungsbau: *Österreichische Richtlinien für Demonstrativ-Bauvorhaben*, Wien 1964

Forum Stadtpark (Hg.): *Neue städtische Wohnformen*, Ausst.-Kat., Graz 1966

Frampton, Kenneth: *Die Architektur der Moderne. Eine kritische Baugeschichte*, Stuttgart ²1987

Freidrichs, Chad: The Pruitt-Igoe Myth – A Documentary, 2011, http://www.pruitt-igoe.com/ (22.08.2017)

Freisitzer, Kurt/Koch, Robert/Uhl, Ottokar: *Mitbestimmung im Wohnbau. Ein Handbuch*, Wien 1987

Frühwirt, Pia (Hg.): *Wohnbau in der Steiermark 1986–92. Bauten und Projekte*, Wien 1993

Gary, Gisela: Selbstbestimmt planen, bauen und wohnen, in: *Wohnenplus,* 57, 3 (2017)

Giencke, Volker: *Volker Giencke. Projekte/projects*, Wien u. a. 2001

Giencke, Volker: Studium als Revolution, in: Wagner, Anselm/Senarclens de Grancy, Antje (Hg.): *Was bleibt von der „Grazer Schule"? Architektur-Utopien seit den 1960ern revisited*, Berlin 2012, 76–79

Grabner, Martin: Wohnbebauung Hausmannstätten, in: *nextroom – architektur im netz*, 2012, https://www.nextroom.at/building.php?id=35615 (11.02.2019)

Gross, Eugen: Neue städtische Wohnformen, Manuskript zur Eröffnungsrede, Privatarchiv Eugen Gross, 18. Juli 1966

Gross, Eugen: Unaufschiebbare Urbanisierung – oder Bäume, die in den Himmel wachsen, in: Schilcher, Bernd (Hg.): *Zwischen Pragmatismus und Ideologie. Steirische Beiträge zur Grundlagendiskussion der ÖVP*, Graz 1972, 75–87

Gross, Eugen: Wie beeinflusste der Strukturalismus die „Grazer Schule" der Architektur? in: Wagner, Anselm/Senarclens de Grancy, Antje (Hg.): *Was bleibt von der „Grazer Schule"? Architektur-Utopien seit den 1960ern revisited*, Berlin 2012, 214–223

Gross, Eugen u. a.: *Demonstrativbauvorhaben Terrassenhaussiedlung Graz-St.Peter 1972–1978*, Graz 1979

Gross, Eugen/Groß-Rannsbach, Friedrich: *Steiermark. Chancen, Grenzen, Möglichkeiten*, Graz 1972

Gross, Eugen/Groß-Rannsbach, Friedrich/Widtmann, Heimo: Die Architektenrunde, in: Hirschmann, Gerhard/Schützenhöfer, Hermann (Hg.): *Politik im Dialog*, Herausgegeben anlässlich des 60. Geburtstags von Franz Hasiba, Graz 1992, 34–40

Groß-Rannsbach, Friedrich: *Tagebuch im Weingartenhaus Stainz*, o. J.

Guttmann, Eva/Kaiser, Gabriele (Hg.): *Werkgruppe Graz 1959–1989. Eugen Gross, Friedrich Groß-Rannsbach, Werner Hollomey, Hermann Pichler. Architecture at the Turn of Late Modernism*, Zürich 2013

Hafner, Bernhard: Schiffchen im Grünen versenkt. Ein Bootsrumpf als Wasserspielplatz, in: *Garten + Landschaft*, 4 (1994), 33–34

Hamm, Bernd: *Betrifft: Nachbarschaft. Verständigung über Inhalt und Gebrauch eines vieldeutigen Begriffs*, (Bauwelt Fundamente), Berlin 1973

Häußermann, Hartmut/Siebel, Walter: *Soziologie des Wohnens. Eine Einführung in Wandel und Ausdifferenzierung des Wohnens*, Weinheim/München 1996

Hentschel, Armin: *Nutzeransichten. Wohnarchitektur aus Sicht ihrer Nutzer. Ergebnisse einer Bewohnerbefragung*, Diss., Humboldt-Universität Berlin 2009

Herzberg, Frederick: One more time. How do you motivate employees?, in: *Harvard business review*, Harvard University, 46 (1968), Nr. 1, 53–62

Hirschmann, Gerhard: *Modell Steiermark. Diskussionsentwurf*, Graz 1980

Hirschmann, Gerhard: *Modell Steiermark für die 80er Jahre,* Graz 1981

Holub, Ignaz: *Demonstrativbauvorhaben Graz-St. Peter.* Zusammenfassender Schlussbericht (Schriftenreihe der Forschungsgesellschaft für Wohnen, Bauen und Planen Nr. 64), Wien 1975

Horkheimer, Max: *Anfänge der Bürgerlichen Geschichtsphilosophie*, Stuttgart 1930

Hugelmann, Wolf-Dieter u. a.: Wohnbau. Forschung, Diskussion, Dokumentation, in: *Wohnbau, Fachzeitschrift für Wohnbauforschung*, 5 (1974), 99–107

Huth, Eilfried: Ein Zwischenhoch für die Behausungshybride, in: Szyszkowitz, Michael/ Luser, Hansjörg (Hg.): *Wohnbau in der Steiermark 1980–86. Bauten und Projekte*, Wien 1986, 180

Huth, Eilfried/Pollet, Doris: *Beteiligung, Mitbestimmung im Wohnungsbau. Wohnmodell Deutschlandsberg Eschensiedlung*, Graz 1976

Huth, Eilfried/Zach, Juliane: *Eilfried Huth, Architekt. Varietät als Prinzip*, Berlin 1996

Institut für Architekturtheorie, Kunst- und Kulturwissenschaften der TU Graz: *Institutsgeschichte*, http://akk.tugraz.at/institutsgeschichte/ (06.05.2019)

Jany, Andrea: Die Alte Poststraße – Gemeinschaft ohne Zwang. Wohnbau – ein historischer Streifzug – Teil 3, in: *Bauforum, Fachzeitschrift für Architektur, Bautechnik, Bauwirtschaft, Industrial Design*, 460 (2015), 12–13

Jany, Andrea u. a.: Smarte Modernisierung Terrassenhaussiedlung Graz – SONTE, 2016, http://www.smartcities.at/stadt-projekte/smart-cities/smarte-modernisierung-terrassenhaussiedlung-graz/ (22.08.2017)

Kappler, Ekkehard: Partizipation, in: Grochla, Erwin/Thom, Norbert (Hg.), *Handwörterbuch der Organisation*, Stuttgart ²1980, 1845–1855

Karner, Stefan: *Die Steiermark im 20. Jahrhundert. Politik, Wirtschaft, Gesellschaft, Kultur*, Graz 2000

Kelz, Christina: *Rosa Zukunft. Empfehlungen für die Praxis*, Salzburg/Gleisdorf, Studie, 25.06.2015

Koch, Robert: Deutschlandsberg: Alternative zur Zersiedelung, in: *Wohnbau. Fachzeitschrift für Wohnbauforschung*, 1 (1977), 1–15

Koch, Robert: Mitbestimmung: Wohin führt der Lernprozeß?, in: *Wohnbau. Fachzeitschrift für Wohnbauforschung*, 9 (1979), 3–9

Koch, Robert: Mitbestimmung kennt viele Varianten, in: *Wohnbau. Fachzeitschrift für Wohnbauforschung*, 7–8 (1982), 9–21

Kohlbacher, Karl: Modell Steiermark. *Neues Wohnen, Ergebnis des Modell Steiermark Arbeitskreises „Neues Wohnen"*, Graz 1978

Kompacher, Thomas: *Zeitgenössisches Einrichten und Wohnen.* Eine Fallstudie, Diss., Technische Universität Graz 1990.

Kozelj, Janez: Einige Entwicklungsmerkmale der neuen Wohnarchitektur in der Steiermark, in: Frühwirt, Pia (Hg.): *Wohnbau in der Steiermark 1986–92. Bauten und Projekte*, Wien 1993, 290–295

Kraner, Gilbert: *Modell Steiermark,* Graz 1972

Kraner, Gilbert: *Modell Steiermark. Steiermark Bericht,* Graz 1976

Kriechbaumer, Robert: Österreichische Nationalgeschichte nach 1945. Die Sicht von innen, in: *Österreichische Nationalgeschichte nach 1945*, Wien 1998

Kühne, Franziska: *Glücksforschung. Philosophisch*, 2017, http://www.gluecksinstitut.eu/glücksforschung/philosophisch/ (22.08.2017)

Leising, Denise: Solidarität, Zeitgeist, Mitbestimmung. Mitbestimmungs-Wohnbau in Eisenerz, in: *architektur aktuell*, 141 (1991), 50–51

Locke, Edwin A./Schweiger, David M.: Participation in Decision-Making. One More Look, in: *Research in Organizational Behavior: An Annual Series of Analytical Essays and Critical Reviews*, 1 (1979), 265–339

Luser, Hansjörg: Über Land und Leute, in: Szyszkowitz, Michael/Luser, Hansjörg (Hg.): *Wohnbau in der Steiermark 1980–86. Bauten und Projekte*, Wien 1986, 181

Maderthaner, Rainer: Soziale Faktoren urbaner Lebensqualität, in: Keul, Alexander G. (Hg.), *Wohlbefinden in der Stadt. Umwelt- und gesundheitspsychologische Perspektiven*, Weinheim 1995, 172–197

Magistrat Graz, Präsidialabteilung: *Bevölkerungsstatistik der Landeshauptstadt Graz*, Graz 2012, http://www1.graz.at/Statistik/bevölkerung/bevölkerung_2011_final.pdf (22.08.2017)

Maslow, Abraham H.: *Motivation and Personality*, New York 1954

Miller, Katherine/Monge, Peter: Participation, Satisfaction, and Productivity. A Meta-Analytic Review, in: *Academy of Management Journal*, 29 (1986), 727–753

Mitscherlich, Alexander: *Die Unwirtlichkeit unserer Städte: Anstiftung zum Unfrieden*, Frankfurt am Main 1965

Noever, Peter/Schweeger, Elisabeth: *Wiener Architekturgespräche*, Berlin 1982

Nograsek, Marlies: *Wohnwert. Werturteile im Vergleich an ausgewählten Wohnanlagen in Graz*, Diss., Technische Universität Graz 2001

Nussmüller, Werner u. a.: *Wohnzufriedenheit und architektonische Innovation in der Steiermark seit den 60er Jahren*, Graz 2000

Nussmüller Architekten: *Kernhaussiedlung*, 2017, http://www.nussmueller.at/projekte/kernhaussiedlung/ (22.08.2017)

Österreichische Gesellschaft für Architektur in Wien: *Neue städtische Wohnformen.* Ausst.-Kat., Wien 1966

Pirchegger, Hans: *Geschichte der Steiermark*, Graz 1996

Pleier, Nils: *Performance-Measurement-Systeme und der Faktor Mensch. Leistungssteuerung effektiver gestalten*, Diss., Universität Potsdam, Wiesbaden 2008

Potocnik, Lorenz: *Lebst du schon oder wohnst du noch? Der Massen-Wohnbau hinkt nach*, 2014, http://www.gat.st/node/208077/printer-friendly (05.05.2016)

Preiser, Wolfgang F. E./White, Edward T./Rabinowitz, Harvey Z.: *Post-Occupancy Evaluation*, Abingdon, Oxon/New York 2015

Prisching, Manfred: *Bilanz und Programm. Modell Steiermark. Information*, 16i/86, Graz 1986

Prokop, Ursula: Friedrich Zotter (2005/2015), in: *Architektenlexikon Wien 1770–1945*, http://www.architektenlexikon.at/de/721.htm (31.08.2016)

Pumpernig, Wolfgang/Prisching, Manfred/Steinegger, Wolfgang: *Modell Steiermark für die 90er Jahre*, Graz 1990

Pumpernig, Wolfgang/Prisching, Manfred/Steiner, Michael: *Modell Steiermark. Berichte der Arbeitskreise*, Nr. 32, Graz 1989

Referat Rechtsangelegenheiten, Land Steiermark: *Die Geschichte der Wohnbauförderung*, 2011, http://www.wohnbau.steiermark.at/cms/dokumente/12111495_113384013/1ba0734e/AB-T15EW-Die%20Geschichte%20der%20Wohnbauf%C3%B6rderung.pdf (22.08.2017)

Richter, Peter G., Mensch-Umwelt-Einheit(en) als Gegenstand der Architekturpsychologie, in: Richter, Peter G. (Hg.): *Architekturpsychologie. Eine Einführung*, Lengerich [4]2016, 21–30

Richter, Peter G./Goller, Katrin: Ortsidentität und Ortsbindung, in: Peter G. Richter (Hg.), *Architekturpsychologie. Eine Einführung*, Lengerich [4]2016, 175–207

Rieß, Hubert: Wohnbau Allerheiligen b. Wildon, in: *nextroom – architektur im netz*, 2007, http://www.nextroom.at/building.php?id=29651&inc=datenblatt (22.08.2017)

Ritter, Arno: *Wohnbebauung Mautern, Steiermark*, o. J., http://www.rieglerriewe.co.at/projects/ur_maut/0.html (22.08.2017)

Rosenstiel, Lutz von: *Motivation durch Mitwirkung*, Stuttgart 1987

Sagl, Marie-Therese: *Soziale Nachhaltigkeit und architektonische Gestaltung*, Diss., Karl-Franzens-Universität Graz 2015

Schaller, Hermann: Der soziale Wohnbau in der Steiermark, in: Brünner, Christian/Ortner, Gerold (Hg.): *Kontrolle im sozialen Wohnbau*, Graz 1987, 14–20

Scholl, Wolfgang u. a.: *Innovationserfolg durch aktive Mitbestimmung. Die Auswirkungen von Betriebsratsbeteiligung, Vertrauen und Arbeitnehmerpartizipation auf Prozessinnovationen*, Berlin 2013

Schöpfer, Gerald/Teibenbacher, Peter: *Graz seit 1945. Daten, Fakten, Kommentare*, Graz 1995

Schuemer, Rudolf: *Nutzungsorientierte Bewertung gebauter Umwelten. Post occupancy evaluation. POE. Eine Einführung*, Studien- und Lernmaterial Fernuniversität Hagen 1995

Schulze-Fielitz, Eckhard: Die Zukunft der menschlichen Umwelt. Über die Zukunft der menschlichen Umwelt; Strukturen, Systeme, Programme, in: Schmid/Reinhard (Hg.): *Das Ende der Städte? Beiträge zur Umweltplanung*, Stuttgart 1968, 97–110

Selk, Dieter/Holz, Astrid/Walberg, Dietmar: *Siedlungen der 50er Jahre – Modernisierung oder Abriss? Methodik zur Entscheidungsfindung über Abriss, Modernisierung oder Neubau in Siedlungen der 50er Jahre, Endbericht*, Stuttgart 2007

Sims, William: Programming Environments for Human Use: A Look at Some Emerging Approaches to Generating User Oriented Design Requirements, in: Rogers, Walter E./ Ittelson, William H. (Hg.): *New Directions in Environmental Design Research. Proceedings*, Washington D.C. 1978, 287–518

Sommer, Robert: *Social design. Creating Building with People in Mind*, New York 1983

Spengemann, Karl Ludwig: *Grundrißatlas. Eine Typenkunde für den Wohnungsbau*, Gütersloh 1955

Steiner, Dietmar: Das steirische Wesen, in: Szyszkowitz, Michael/Luser, Hansjörg (Hg.), *Wohnbau in der Steiermark 1980–86. Bauten und Projekte*, Wien 1986, 178–179

Sterk, Robert/Besenböck, Hans/Wolm, Karl: Das Dorf für kooperative Menschen, in: *Wohnbau. Fachzeitschrift für Wohnbauforschung,* 5 (1979), 3–10

Szyszkowitz, Michael: *Protokolle/Arbeitspapiere Arbeitskreis Modell Steiermark 1979–1980*, Privatarchiv Szyszkowitz+Kowalski, Graz

Szyszkowitz, Michael: Nachwort, in: Szyszkowitz, Michael/Luser, Hansjörg (Hg.): *Wohnbau in der Steiermark 1980–86*. Bauten und Projekte, Wien 1986, 182

Szyszkowitz, Michael, Nachwort, in: Frühwirt, Pia (Hg.): *Wohnbau in der Steiermark 1986–92. Bauten und Projekte*, Wien 1993, 309

Szyszkowitz, Michael/Kowalski, Karla: *Projektmappe für Wohnungsinteressenten*, Privatarchiv Szyszkowitz+Kowalski, Graz

Tavris, Carol/Aronson, Elliot: *Mistakes were Made (But Not by Me). Why We Justify Foolish Beliefs, Bad Decisions, and Hurtful Acts*, Boston 2015

Uhl, Ottokar: Prozesshafte Planung, in: Frühwirt, Pia (Hg.): *Wohnbau in der Steiermark 1986–92. Bauten und Projekte*, Wien 1993, 296–297

Vries, Nathalie de/Guttmann, Eva: *Architektur – Landschaft. Architekturjahrbuch Graz Steiermark 2013; Architecture – Landscape: Architecture yearbook Graz Styria 2013*, Wien 2014

Wagner, Anselm: Wie die „Grazer Schule" zweimal erfunden worden ist, in: Wagner, Anselm/Senarclens de Grancy, Antje (Hg.): *Was bleibt von der „Grazer Schule"? Architektur-Utopien seit den 1960ern revisited*, Berlin 2012, 55–73

Wagner, Anselm: Das Rolex Learning Center von SANAA im Kontext neoliberaler Wissensökonomie, in: *Grundlagenforschung für eine linke Praxis in den Geisteswissenschaften 2* (2016), 84–94

Wagner, Anselm: Die Grazer Schule und das Modell Steiermark, in: Wagner, Anselm/Walk, Sophia: *Architekturführer Graz*, Berlin 2019, 212–217

Walden, Rotraut: *Lebendiges Wohnen. Entwicklung psychologischer Leitlinien zur Wohnqualität: Aneignungshandlungen in Wohnumwelten aus der Sicht von Architekten, Bewohnerinnen und Bewohnern*, Frankfurt am Main/New York 1993

Weninger, Thomas/Lebhart, Gustav: *Österreichs Städte in Zahlen 2015*, Wien 2016 (07.11.2016)

Werkgruppe Graz: *Gedanken über Beton. Ein Portrait der Werkgruppe*, Interview von Hildegard Kolleritsch 1980, ausgestrahlt im Österreichischen Rundfunk am 29.10.1980

Werkgruppe Graz: *Weghaftes. Architektur und Literatur*, Graz (2009), www.werkgruppe-graz.at (06.05.2019)

Wilhelm, Karin: Zur Architektur des Wohnungsbaues in der Steiermark, in: Frühwirt, Pia (Hg.): *Wohnbau in der Steiermark 1986–92. Bauten und Projekte*, Wien 1993, 282–285

Zink, Klaus J.: *Mitarbeiterbeteiligung bei Verbesserungs- und Veränderungsprozessen. Basiswissen – Instrumente – Fallstudien*, München 2007

Zwangsleitner, Daniel: *The Quest for Better Housing. Individual Reconstruction and Situational Analysis of Participatory Housing in the Framework of Modell Steiermark, Austria*, Diss., Politectnico di Torino 2018

ABBILDUNGSNACHWEIS

austria-forum.org: 21, 22
bildarchivaustria.at: 20
Blümel, Christina/Maierhofer, Andreas: 59, 64, 69, 74, 79, 84, 89, 94, 99, 104, 109, 114, 119, 124, 129, 134, 139, 144, 149, 154, 159, 164, 169, 179, 184, 189, 194
Blundell Jones (1998): 196
Brischink, Martin: 51
Familie Gössl: 199
Freisitzer/Koch/Uhl (1987): 44–48
Google Maps: 5, 8
Huth, Eilfried: 35, 36, 37
Huth/Pollet (1976): 38–40
Jany, Andrea: 2, 3, 7, 10, 27, 41, 43, 52, 54, 195, 198, 201–203, 210–226
Kleine Zeitung: 50
Kchlbacher (1978): 49
Kraner (1972): 42
Kraner (1976): 19
Nograsek (2001): 4, 9
Nussmüller, Werner: 1, 53, 200
ÖGFA: 11–18
Sauer, Günter: 197
Singer, Andrea: 6, 23–25, 31–34, 55–58, 60–63, 65–68, 70–73, 75–78, 80–83, 85–88, 90–93, 95–98, 100–103, 105–108, 110–113, 115–118, 120–123, 125–128, 130–133, 135–138, 140–143, 145–148, 150–153, 155–158, 160–163, 165–168, 170–173, 180–183, 185–188, 190–193, 204–209
Werkgruppe Graz: 26, 28, 29, 30

PERSONENINDEX

IMPRESSUM

Dieses Buch erscheint als Band 7 der Reihe
architektur + analyse,
herausgegeben von Anselm Wagner,
akk Institut für Architekturtheorie, Kunst- und Kulturwissenschaften der TU Graz

© 2019 by jovis Verlag GmbH
Korrektorat: Maike Kleihauer
Grafisches Konzept: Susanne Rösler, jovis
Gestaltung und Satz: Andreas Maierhofer
Umschlaggestaltung: Susanne Rösler, jovis

Gedruckt in der Europäischen Union

Bibliografische Information der Deutschen Nationalbibliothek
Die Deutsche Nationalbibliothek verzeichnet diese Publikation in der Deutschen Nationalbibliografie; detaillierte bibliografische Daten sind im Internet über http://dnb.d-nb.de abrufbar.

jovis Verlag GmbH
Kurfürstenstraße 15/16
10785 Berlin

www.jovis.de

jovis-Bücher sind weltweit im ausgewählten Buchhandel erhältlich. Informationen zu unserem internationalen Vertrieb erhalten Sie von Ihrem Buchhändler oder unter www.jovis.de.

ISBN 978-3-86859-589-5